国家出版基金项目
教育部人文社科重大委托项目

世界女子高等教育及大学女校长研究

世界大学女校长◆女子大学丛书

国家出版基金项目
NATIONAL PUBLICATION FOUNDATION

世界大学女校长◆女子大学丛书
Series on World Women University Presidents & Women's Universities

KHUNYING SUCHADA KIRANANDANA

坤仁·苏查达·吉拉南

泰国朱拉隆功大学校长

张敬婕　王文渊　著

中国传媒大学出版社
Communication University of China Press

总 序

百年大计，教育为本。世界各国的经验表明，强国梦必须有科教梦做支撑。科教兴国，是中国的基本国策，是从教育大国到教育强国、从人口大国到人力资源强国的必由之路。高等教育处于教育体系的顶端，是联结科技与教育的重要桥梁。衡量一个国家科技和教育水平的高低，在很大程度上要看这个国家高等教育的水平。

回顾大学的发展历史，我们不难发现，一所大学办学质量的高低，往往取决于校长的水平。世界著名大学发展的每个重要阶段，都铭刻着大学校长的办学理念和思想，正如艾略特之于哈佛大学，蔡元培之于北京大学，梅贻琦之于清华大学。研究大学校长的办学理念和思想，是管窥一所大学兴衰成败的途径，而专门研究大学女校长，则独辟蹊径，别开生面。

中国现代教育史上，大学校长虽以男性居多，然而成就卓著的女校长也不乏其人。她们推动了大学的变革，丰富了大学的精神内涵，如金陵女子大学老校长吴贻芳，复旦大学前校长谢希德，东南大学前校长韦钰，同济大学前校长吴启迪，等等。女校长人数虽然屈指可数，但其业绩丝毫不逊于男性同行。大学女校长为高等教育的发展注入了活力，做出了贡献。大学女校长的治校理念、办学风格乃至传奇的职业生涯，确实值得深入研究和细致品味。

女子大学是高等院校序列中的一种特有形式，为世界高等教育的发展做出了重要贡献。著名的女子大学，如韦尔斯利学院、史密斯学院、淑明女子大学、日本女子大学、御茶之水女子大学，以及中国历史上的金陵女子大学、北京女子师范大学、华南女子大学等，都写下了光辉的篇章，是世界高等教育的重要组成部分。研究世界各国女子大学，总结提炼女子高等教育的办学经验和人才培养模式，探索现代女性接受高等教育的多样化形式，对于寻求符合女性特质的教育理念和教育方法，应该说是一种有益的尝试。

由中国传媒大学承担的教育部重大委托项目——“完善中国现代大学制度视域中世界女子高等教育及大学女校长群体研究”课题，对以上两个领域进行了系统深入的研究。“世界大学女校长·女子大学”丛书，就是这一课题的主要成果。这套丛书分为四个系列：女子高等教育系列，考察全球女子高等教育的发展轨迹，呈现其办学传统和教育特色；中外大学女校长个案研究系列，以人物传记的形式深度追踪大学女校长的人生经历，剖析她们的成长历程、心智历练、办学理念和治校方略；女校长群体研究系列，群像式描绘某一国家或地区的大学女校长群体，彰显女校长个性的同时，探寻她们的共性；“世界大学女校长论坛”图文集锦系列，汇集展示了大学女校长在历届论坛上的真知灼见和绚丽风采。四个系列，四十余本，蔚为大观。

“世界大学女校长·女子大学”丛书，也是“世界大学女校长论坛”历时十三年深入研究高等教育及女性培养结出的硕果，是深化论坛主旨、促进女性事业和教育事业发展的学术行动。丛书的写作，依托“论坛”这一平台，深度访谈和研究了参加历届论坛的大学女校长，系统整理了多年积累的学术成果，可以说，“论坛”既是女校长们交流合作的舞台，也是本套丛书得以出版的重要基础。

自1995年北京第四届世界妇女大会召开以来，世界妇女运动取得了长足的进展，性别平等的高端主题——女性领导力，也已经是全球关注的议题，与女性学相关的课程在中国高校已经四处开花。今天，有识之士都深刻认识到，女性在社会各个领域的创造力和领导力，是推动社会全面发展的动力之一，也是人类文明进步的重要标尺。“世界大学女校长·女子大学”丛书，对于提升女性领导力，具有重要的参考价值，对于知识女性的成长具有积极的引导意义。

大学女校长是高等教育、女性、领导力的集结点，是知识女性的杰出代表，是自尊、自信、自立、自强的典型，她们不但为高等教育的发展做出了应有的贡献，更以自己坚韧顽强、宽厚包容、无私奉献的品质与情怀，阐释了女性领导力的独特内涵。对于广大女性来说，她们是教育典范和女性楷模，具有榜样的力量和示范的价值，定能引领青年女性沿着正确的道路勇敢前行。

女性的发展，既需要社会各方面的支持，更需要女性自身具备积极进取的意志和宽广博大的胸怀。希望丛书的研究成果能产生广泛和深远的影响，为女性高等教育提供宝贵借鉴，为精英女性的成长与成功给予智力支持；促进全社会更加重视女性平等的教育接受权和职业发展权；激励正在为打破“玻璃天花板”而奋斗的新一代女性，为女性领导力的培育与提高奠定坚实基础。

是为序。

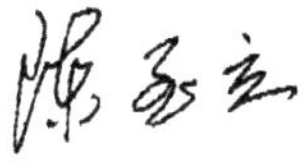

2014年7月

前 言

我在中国传媒大学工作近五十年，其中有三十多年在学校领导岗位上任职。这些经历让我有更多的机会体悟、思考女性接受高等教育的重要、女性走向领导岗位的不易。

早在1996年，我即萌生组织世界各国为数不多的大学女校长进行交流合作的想法，但当时忙于学校的学科建设和转型，这一想法被搁置下来。直到2001年，在诸多同事的帮助下，我才将这一构想变成现实，召开了大学女校长“新世纪高等教育发展战略国际论坛”。此后论坛每隔两至三年举办一次。2006年，论坛挂靠中国教育国际交流协会,组建了世界大学女校长论坛组委会，负责论坛的筹划、组织工作；2009年，在江苏有关部门的关心和支持下，成立了江苏中外大学女校长教育发展基金会，为论坛筹集资金。迄今，世界大学女校长论坛已在中国北京、南京、厦门举办五届，并在新西兰、日本、美国、土耳其、津巴布韦和墨西哥等地召开六次分论坛，吸引了79个国家的800余人次大学女校长。

十年来，在与各国大学女校长的交流互动中，我深刻地感受到，女性在高等教育领域作为决策者和领军者可谓凤毛麟角,其人生历练和办学实践值得浓墨重书。翻阅每位女校长的简历、细读她们给论坛提交的论文，总能激起我发自内心的共鸣，赞佩她们的治校理念、管理智慧和人格魅力。每一位女校长都拥有鲜为人知的心路历程、卓尔不凡的领导能力与永载史册的辉煌业绩。

我的一位好友、著名女性传记作家赵凤翔教授曾说："女人要写女人。"这给了我很大启发——女校长要研究女校长。追溯大学女校长成长、成才、成功的道路，总结女性领导力的形成规律和独特优势，开展大学女校长及女性领导力研究，出版相关研究成果，就成为"世界大学女校长论坛"活动的自然延伸。

2010年，我们筹划设立了"完善中国现代大学制度视域中世界女子高等教育及大学女校长研究"课题，组织来自中国传媒大学等单位80余人的研究团队，选定34个国家80余位大学女校长，进行个案研究和群像描绘；对23个国家的女子大学进行历史梳理与全面考察。2011年，这一课题获得教育部人文社科重大委托项目立项；2013年，由该课题主要研究成果结集而成的"世界大学女校长·女子大学"丛书，获得国家出版基金资助。

这套丛书由四个系列组成，具有三个鲜明特点。四个系列：女子高等教育系列、中外大学女校长个案研究系列、女校长群体研究系列和"世界大学女校长论坛"图文集锦系列。三个特点：一是全景式描述。丛书对世界范围内大学女校长及女子高等教育，首次进行比较全面的观照和挖掘。女校长研究既有共性的揭示与比较，又有个性的剖析与呈现；女子高等教育研究既有全球视野的巡礼，又有具体国别的探究。二是人物传记式的写作方法。丛书以访谈当事人、发掘第一手资料为基础，研究和写作的过程力求再现传主的人生轨迹、突出其办学理念和治校业绩。三是可读性强。传主的真知和作者的匠心历历可见，读者能够在图文并茂中感受到智慧和灵感的融会。

这套丛书是对女性通过教育追求真善美、通过自身努力彰显智仁勇的真实颂扬。著名女作家冰心曾说：这个世界如果没有女人，就会失去十分之五的真、十分之六的善、十分之七的美。女性不仅是真善美的化身，也应是智仁勇的写照。阅读这套丛书，我们可以了解到，女性如何通过交流互鉴，凝聚智慧、取得共识；体认困境，直面现实、自立自强；付诸行动，同心同力、坚持不懈。

这套丛书是对“女性是改造世界的温柔力量”的生动诠释。置身于男性居主导地位的社会管理体系中，女性要取得成功，需要充分展现女性特质，发挥女性优势，要以女性特有的视角观察、思考、解决问题。阅读这套丛书，我们可以看到女校长们如何在战略决策上，高瞻远瞩，运筹帷幄，引领未来；在具体工作中，体贴入微、心系师生，用愿景激励师生，用行动示范师生，用厚德包容之心协理校务；在领导风格上，追求完美和精致，重视以人为本，在管理中实现个人的发展与事业发展的契合。

这套丛书是对高等教育及大学女校长社会价值的全面展示。众所周知，高等教育是形塑社会结构及价值体系的重要载体，大学校长是具有社会象征、示范和引导意义的特殊群体。女性接受高等教育、女性担任大学校长，在改变高等教育生态的同时，也在潜移默化地影响着社会结构变迁、家庭角色分工、社会责任担当、时代价值导向。阅读这套丛书，我们可以看到女子高等教育和大学女校长的发展历程，正是社会不断进步、两性趋于平等的见证，而她们成长的艰辛和不易，也呼吁现代社会迈向更加平等、公正、和谐的完善之路。

丛书已然油墨飘香，感激的话语也充溢心头。感谢江苏中外大学女校长教育发展基金会为项目提供启动经费，感谢教育部将此课题列为人文社科重大委托项目，感谢国家新闻出版广电总局提供国家出版基金资助。特别感谢十一届全国人大常委会副委员长、第十届全国妇联主席陈至立女士担任项目和丛书的总顾问，并欣然作序。

感谢这套丛书的传主、作者和编审们。他们在繁忙的本职工作之余见缝插针，千方百计，保证了任务圆满完成。传主们倾力支持、积极配合；作者们夜以继日，数易其稿；编审们孜孜不倦，精益求精。这种认真负责的精神，令人感叹。课题跨越四载，屡遭挫折，历尽艰辛，常常使我们困扰于“山重水复疑无路”，而殚精竭虑之后的新意迭出，又使我们惊喜于“柳暗花明又一村”。我相信，不久的将来，作者之中定会有著名的传记作家、女性研究专家脱颖而出。

感谢中国传媒大学文科科研处、出版社，为项目的完成和丛书的出版提供了有力保障。丛书煌煌五十本，从策划、组织、申报、撰写到编辑、装帧，学校教师及出版社职工都是主力军，都是可靠、堪用、高效的突击队。如今项目和丛书按期完成、保质保量出版，我要向他们衷心致谢！

任何一项事业，都是“一人启其端，百人扬其华”。我只是一个组织者、牵线者，项目得以完结、丛书得以问世，应归功于各位热心的支持者、参与者。让每一位年轻的女性都能自由地筑梦、勇敢地追梦、幸福地圆梦，是我最乐意为之奔忙的事业。我们期待，有更多的有识之士能参与到这一有意义的工作中来。

刘继南

2014年7月于北京

坤仁·苏查达·吉拉南

泰国朱拉隆功大学历史上第一位女校长。1946年出生于泰国曼谷。1967年获泰国朱拉隆功大学统计学学士学位，1976年获哈佛大学统计学硕士和博士学位。先后任朱拉隆功大学会计系系主任、金融与会计学院院长、研究生院院长、校长等职。2004—2008年，对朱拉隆功大学进行了一系列的改革，从而使朱拉隆功大学成为一所自治的独立大学。2012年2月7日，被泰国国王任命为朱拉隆功大学理事会主席，从而成为朱拉隆功大学历史上第一位女性主席。

Professor Khunying Suchada Kiranandana was born in 1946 in Bangkok. In 1967, She graduated from Chulalongkorn University with a Bachelor's degree in commerce, majoring in statistics. She obtained her Master's and Doctor's degrees from Harvard University, U.S.A. in 1976 and then taught at North Carolina State University for 2 years. After she returned to Thailand, Professor Suchada worked in Chulalongkorn University until in 2004, she became the president of CU. During her presidentship, Chulalongkorn University went through a series of reforms and became an autonomous university. In 2012, His Majesty King Bhumibol Adulyadej appointed Khunying Suchada Kiranandana as the chairperson of Chulalongkorn University Council. She hence became the first woman Council chairperson in the history of Chulalongkorn University.

目　录

楔　子

在过去的250年间，华人移民在泰国开始建立新生活，并在这片充满神秘的土地上建功立业。他们的后裔，延续着祖辈的勤劳和善良，谱写出不同凡响的人生故事。

18世纪晚期，福建人第一批抵达泰国。他们融入泰国的社会生活，担任收税官员，对泰国的政体起到了举足轻重的作用。随后到来的是潮州人，他们初到时穷困潦倒，但很快就凭借经商技巧在曼谷积累了财富。大量的中国穆斯林（回族）为躲避清朝的宗教迫害，于19世纪晚期逃到了泰国北部。截至目前，华人占泰国人口的11%。泰国成功地同化了这些华人，这在东南亚地区是独一无二的。歧视完全不存在，华人在政界和商界都可以身居要职。泰国文化对华人的接纳既得益于华人与当地人融合的愿望，又得益于泰国人的宽容。

自从孟固王(King Mongkut)统治时期(1851–1868)以来，泰国人与华人通婚就十分普遍。孟固王大力提倡本国人与移民通婚，旨在倡导辛勤劳动的美德，而华人正是以勤劳著称的。

相关研究显示，19世纪开始，泰国政府对华人居民的态度总体来说是友好的。只要华人能不断繁荣泰国的贸易，并通过每年投标承包专利税的形式向国库提供更多的款额就好。[①]而且，在职业和经济地位允许的条件下，娶泰国姑娘为妻是华人移民的普遍选择。[②]

从华人男性的角度来看，娶一个泰国姑娘,可以从她身上得到一定的利益。比如华商与当地人生意往来时更容易周旋，而且，同泰国姑娘结婚的费用比娶中国姑娘的费用要低得多。[③]最初，当地华人社会地位向上移动的动机是希望得到更多的金钱，能够带着充足的积蓄回到中国。但后来，许多华人努力奋斗的原因是为了适应当地的社会评价和社会结构。[④]而且，华人总是能娶到很好的泰国姑娘，因为华人男性有较多的东西可以献给女方，并且能比泰族男子更理智地对待妇女。[⑤]

① 〔美〕施坚雅著，许华等译:《泰国华人社会：历史的分析》，厦门大学出版社2010年版，第152页。

② 〔美〕施坚雅著，许华等译:《泰国华人社会：历史的分析》，厦门大学出版社2010年版，第137页。

③ Chen Su–ching, *China and Southeastern Asia*. Chungking and New York: China Institute of Pacific Relations,1945,p.14.

④ 〔美〕施坚雅著，许华等译:《泰国华人社会：历史的分析》，厦门大学出版社2010年版，第146页。

⑤ H. Warington Smyth, *Five Year in Siam*, Vol.1,London: John Murray,1898,p.237.

另一方面，泰国的女性也通常愿意与华人结婚。泰国的女商人比男商人还多，而普通女性也大多有经济头脑，她们认识到一个勤劳的华人丈夫能够为家庭带来更多的利益。“暹罗[①]妇女是精明和注重实利的，她为了得到一个勤劳的、有深厚感情的丈夫——他有些微积蓄和兴旺的事业——而愿意隐藏自己的情绪。”[②]

在这股移民大潮中，17岁的福建人李先生，于1926年迁到泰国曼谷定居，并改姓氏为“Seridhoranakul”，意思是“拥有自由土地的家庭”。他很快掌握了泰语，并迅速融入了当地的社会生活。因为勤劳且有经济头脑，所以他很快就开办起了一家生产火柴的小工厂。尽管是小本经营，规模不算大，但殷实和相对稳定的生活还是为他赢取了一位泰国姑娘的芳心。这位善良朴素的姑娘不同于那些泰国女商人，她性格娴静温和，充满爱心。这对男女组建了美满的家庭，他们就是苏查达的父母亲。

谈到父亲的移民生活，苏查达说：“父亲能说中文，所以他骨子里还是有很多中国传统的东西抹不去，比如祭拜祖先等等。从文化的角度讲，他的生活中有泰国味道，更有中国味道。泰国是个非常开放的国家，尊重所有外国移民的宗教和风俗。所以我的父亲来到泰国以后，很快融入了这里的生活圈子。一般来说，亚洲移民

---

① 现东南亚国家泰国的古称。其部分先民原居住在中国云南一带，为逃避蒙古入侵而南下，迁居中南半岛。受到中国文化和印度文化的影响很大。是信仰佛教的宗教国家。1949年更名“泰国”，意为“自由之国”。

② J.G.D.Campbell, *Siam in the Twentieth Century*, London: Edward Arnold, 1902,p.274.

通常在泰国南部抵达，再往北部迁移。但是对于为什么我父亲会选择定居曼谷，他却从来没有提到过。在我的眼中，父亲既精明能干，又善良文雅，当初我妈妈看中他，肯定也是被他的迷人风度所吸引吧！”

青年时期的生活："我的大家庭"

1946年2月15日，苏查达出生于曼谷。"Suchada"在泰文中的含义是"出生美好或生来就美好"。这个名字寄予了父母多少珍爱，在苏查达懂事之后才渐渐明白。在这个美丽的名字背后，其实隐藏着父母一段伤心的往事。

原来，在苏查达出生之前，家里第一个出生的男孩夭折了。苏查达说："我夭折的哥哥，他是家里的第一个孩子。第二次世界大战的时候，曼谷遭到了轰炸。我父母带着哥哥逃亡，就在逃亡的路上，一岁半的哥哥生病了，我的父母四处求医问药，跑遍了曼谷所有的大医院，仍然没能挽留住哥哥的生命。我的父母非常伤心。尤其是我父亲，他多少有点中国人的传统观念，认为儿子才是延续香火的关键。壮年失子，对他是多么大的一个打击啊。在这样的情况下，我父母商量要继续努力，一定要再生一个男孩，并且不能只生一个儿子，要延续香火，至少得生两个儿子才行。不过说实话，我的父亲并没有重男轻女的观念，他并不是不爱女儿，只是认为男孩应该继承父业和家业而已。所以家里的姐妹虽然多，但是都得到了父亲和母亲一样多的爱。在这一点上，我们所有孩子都非常感激我们的父母亲。”

大儿子夭折后，这对思子若渴的夫妻后来接连生了三个女儿，苏查达是在二战结束后出生的第一个孩子。对于苏查达的出生，求子心切的父亲当时在内心并不满意，他太希望能拥有一个男孩了！在巨大的压力下，接连生育的妻子后来终于生下了两个男孩。苏查达感慨地说：“九个孩子的家庭当之无愧是一个大家庭，但这在泰国、在那个年代，这种多子的情况并不少见。况且，我的父亲失去了他的第一个儿子，家里若没有两个儿子总是不会让他安心的。拥有如此庞大的家庭成员，父亲非常感谢母亲，他们两个相爱一生，始终互敬互爱。”

苏查达出生后，父亲经营的小火柴厂的生意越来越好。精明能干的父亲发现，二战后随着社会的日渐稳定，人们对日用品的需求开始增加，于是他就破釜沉舟地将积蓄投资在日用品的经营事业上，开始从事红糖、白糖和糖果的加工与制造。后来，父亲发现淀粉的需求量很大，于是又开始生产木薯粉，他还把木薯的根部加工制糖，并用来生产牙膏之类的产品。

在父亲艰难创业的那个时代，苏查达也逐渐成长起来。当她作为一个成熟的大学教授再回想自己成长的那段青葱岁月时，她说："二战前，泰国是一个十分落后的农业国。战后至50年代，许多刚获得独立的发展中国家为了摆脱贫穷和落后，纷纷掀起'经济救国'的浪潮。20世纪50年代，人均国民收入仅为50–60美元的泰国，在这一浪潮的推动下，于1961年开始实行经济建设计划，结果取得了前所未有的成绩，国民经济结构发生了较大变化。二战后，泰国经历了许多发展阶段。政治上，泰国慢慢地走上了民主国家的道路，一路跌跌撞撞，发生了许多大大小小的政变。我们并没有多么先进的民主，特别是在合理和真正地理解何为民主之前。现在大多数的泰国人明白了真正的民主是权利而不是责任和义务。另外，泰国的经济发展已经走了相当长的一段路，我们从欠发达国家走向了发展中国家。在工业、农业、贸易及其他产业的发展方面，进步也是显著的，但所有这些发展所带来的环境问题开始暴露和制约这个国家的持续发展。泰国仍然是一个具有丰富文化遗产的国家，目前文化发展是一个很重要的问题。我在少女时代见证了泰国发展变化的过程，也在父亲创业的过程中体验了华裔商人对泰国经济的推动作用。"

经历过战争并在和平年代努力求发展的人们，对于美好新生活的迫切向往与奋力追求，是没有经历过战争的人们所无法想象的。而苏查达的父母正是这样一代人，他们在外部环境较为和平的氛围里，想的都是如何通过个人奋斗实现家庭生活的富足。与其他华裔泰国人不同，苏查达的父亲没有因为商业上的小有成就而走入仕途，他不想为圆自己的政治梦而牺牲家庭。

苏查达的母亲是一个十分传统的泰国女性，25岁的时候嫁给了大她15岁的丈夫。她没有受过什么正统的学校教育，信奉天主教的她认为女性应该勤劳持家，做一个贤妻良母。这样的信念使得她为这个有着9个孩子的大家庭全身心地付出了一切，也保证了这个大家庭的生活总是其乐融融，无比和谐。

在泰国，虽然宪法规定妇女享有平等权利，但在日常生活中的方方面面，妇女仍然受到隐性的歧视。尤其是受教育程度较低的妇女，通常是城市的劳动主力，她们中的一部分是家庭主妇，过着依赖丈夫的生活。对于这部分人来说，家庭成员，尤其是丈夫，就是她们的全部生活，她们有时也感到失去了自我，但承担家务、抚育后代的责任感支撑着她们度过自己的人生。

谈起母亲，苏查达充满了爱与感激："世上只有一个人可以得罪，你给她脸色看，你冲她发牢骚，你大声顶撞她，甚至当着她的面摔东西，她都不会记恨你，原因很简单，因为她是你的母亲。

"我的母亲是一个和蔼的、善解人意的女人，她有着直言不讳的个性。她每天很开心地做家务，并在这个过程中感受幸福。母亲用她自己的方式教给我们知识，这一点非常特别。在我年少的时候，我就已经能够体会到，一句哲理在年轻人嘴里说出和在老年人嘴里说出是不一样的。年轻人说的只是这句哲理本身，尽管他可能理解得完全正确；而老年人不只是说了这句哲理，其中还包含了他的全部生活。书本中的知识虽然可以带来幸福，但假如把它压缩成药丸子灌下去，就丧失了乐趣。我的母亲虽然没受过什么教育，但她总是能向我们传递简单且朴素的观念，她把好坏善恶以及我们应该有怎样的担当等言传身教得清楚透彻。她告诉我们，要做一个温暖的人，做一个爱笑的人。高兴就笑，让大家都知道你的快乐。悲伤就哭，哭过之后就当作什么事也没发生。快乐并懂得如何快乐，过最简单的生活，做最真实的自己。"

谈起母亲，苏查达的脸上浮现出温柔的光辉："母亲总会对我和妹妹们说：'对你不好的人，你不要太介怀。在你的一生中，没有人有义务要对你好，除了家人，其他对你好的人，一定要知足和感恩。你可以要求自己守信，但不能要求别人对你守信；你可以要求自己对别人好，但是不能要求别人也要对你好；你怎样对人，并不等于人家也会那样对你。若看不透这一点，以后的人生只会平添烦恼。另外，在这个世界上，没有人是不可替代的，没有东西是必须拥有的。看透了这一点，将来就算失去了最珍爱的东西，也会明白那算不上什么大事。虽然很多有成就的人不一定受过多么高等的教育，但用功读书一定是非常重要的。你学到了多少知识，就拥有了多少武器。一个人可以白手起家，但是不能手无寸铁'。"

"妈妈常说的一句话是：'我和你爸爸不会陪你们一辈子，我们也不能养活你们一辈子。在你们成人后要过什么样的生活，是富是穷，是快乐还是苦闷，都要靠你们自己'。所以，我们兄弟姐妹从小就练就了一个本领，就是当突发情况出现时，我们总是能很清晰地了解到哪些处境是我们可以应对的，哪些措施是我们应该去做的。我们一家人都生性乐观，积极面对生活，母亲对我们的影响是功不可没的。”

苏查达深深理解那个时代女性对家庭和丈夫的责任以及牺牲精神：“苏菲·玛索曾说，女人最可悲的不是年华老去，而是在婚姻和平淡生活中的自我迷失。女人可以衰老，但一定要优雅到死，不能让婚姻将女人消磨得失去光泽。我母亲所生活的那个时代的女性，大部分都是一心扑在家庭上，愿意无私地奉献全部。有这样的贤妻良母，家里的男人们才会安心工作。可贵的是，母亲在她的婚姻生活中一直感到安乐和满足，这一点也令我们做子女的感到幸福和安慰。如果家里有一个总是抱怨的母亲，那么家里的气氛会非常冷峻。对我的父母而言，感情不需要诺言、期限与条件，它只需要两个人能够相互信任，相互理解。我的母亲所在的那个时代不像现在，各种各样的诱惑冲击着家庭观念与家庭结构，婚姻生活变得不太稳定，人心也多有浮动。在那个时代，我的父母就是过着男主外、女主内的生活，两个人配合得非常和谐，且各自都安于自己的角色。作为子女，我们是幸运的，当时的世界并不像现在这么复杂。

“当然，对于现在的女性而言，做贤妻良母并不是她们天生的命运，特别是随着女性受教育程度的提高、女性经济能力的增强，更多地参与社会生活，走入公共领域才能更好地实现她们的自我价值。对于有的女性而言，她们受过高等教育但仍然想要回归家庭，做家庭妇女，她们也生活得很快乐，这是她们的选择。所以，在女性应该回归家庭还是走入社会这个问题上，我认为应该具体问题具体分析，每个人的情况都不一样，不应该一刀切地去妄自评价。”

对任何人而言，品德都是无法伪造的，也无法像衣服一样随兴地穿上或脱下来丢在一旁。就像木头的纹路源自树木的中心，品德的成长与发育也需要时间和滋养。也因此，人们日复一日地写下自身的命运，因为人们的所作所为毫不留情地决定了他们的命运。

苏查达认为，是母亲的言传身教培养了她朴素、务实、奉献的品德。母亲以她对家庭的奉献，诠释了一个普通家庭妇女对幸福的注解——世上没有绝对幸福的人，只有不肯快乐的心。快乐的人不是没有痛苦，而是不会被痛苦所左右。没什么文化，但是却满载着生活哲学的母亲，用她的那颗知足常乐之心教会了苏查达：与能力相比，热情和思维方式要重要得多。即使能力不强，但拼命努力、又具备为他人尽力的思想境界的人，比那些能力优秀，但不肯努力、持负面人生观的人，会好许多。即使自己能力稍差也不必灰心，坚持不懈地努力及拥有正面的思维方式，也一定会心想事成。

"我的母亲教会了我们感恩、知福。她用言行告诉我们，女孩子真正富足的状态应该是这样的——见多识广，朋友多，不缺吃穿也不缺钱，但仍会被一件漂亮的衣服哄得很开心，仍会因为吃到可口的美食而一扫阴霾，也会因为看了一部好电影、听了一首好歌而原谅整个世界；不大惊小怪，却仍会为每一种细碎的美好感动。如果不开心了，那么，能变得开心的唯一办法是开心地坐直身体，并装作很开心的样子说话及行动。如果你的行为散发出快乐，就不可能在心理上保持忧郁。这点小小的基本真理可以为我们的人生带来奇迹。"

多年后，当事业成功、家庭幸福的苏查达回忆起自己的童年生活以及家庭教养的时候，有感而发道："正如爱默生所说，家是父亲的王国、母亲的世界、儿童的乐园。我很感谢自己生活在一个宽容且自律的家庭氛围之下。我来自一个信奉佛教和天主教的家庭。我的父亲是一位虔诚的佛教徒，我的母亲信仰天主教，然而，他们两个都不是宗教狂热分子，因此我们从小就在两种信仰的环境中成长。当然，佛教在泰国是处于主导地位的宗教，它塑造了泰国人的性格，很多泰国人对待生活持有超然的态度，对多数行为和人类的弱点不加评论。传统佛教崇尚尊重、沉着和内敛，这对我的性格及我的世界观的形成多多少少都有所影响。"

苏查达说："因为我们几个女孩子都去了基督教学校，我们就以基督教的方式接受教育。在我的家中，不同的宗教传统都影响着我们，我相信这拓宽了我们对宗教的认识面，使我们有机会同时具有多种信仰中的美德。"

父亲事业的成功以及母亲对家庭无微不至的操劳与照顾，使得苏查达的幼年生活相对安逸。

苏查达说，她记得父亲每次出国做生意，回来都会带些新奇的水果或者食品。有一次，父亲带回一块奶酪，这对于苏查达的其他小伙伴们来说简直是太珍贵了，她们别说吃过，就连听都没听说过。小伙伴们都很羡慕苏查达，因而都很喜欢到她家里玩。苏查达总是能很好地与她们相处，有什么好的新奇的东西，也愿意与小伙伴们一起分享。

善于分享一直是苏查达的好习惯。从小与众多兄弟姐妹相处，锻炼了苏查达处理人际关系的能力。

在这个大家庭里有一个传统，那就是人人既要做好自己分内的事，又要分担家务。苏查达作为家中的长女，自然替母亲分担了更多的家务。她会帮助母亲做饭，也会给弟弟妹妹们检查作业，还能帮着缝补衣物。这些劳动虽然都很不起眼，但是在潜移默化中培养了苏查达的细心、耐心以及积极处理问题的能力。

父亲的事业虽然比较成功，但是要养活那么一大家子人，生活的负担还真是不轻。庆幸的是，在这个家里，孩子们都有很好的生活态度和习惯，他们再难也会坚持，再好也会淡泊，再差也会自信，再多也会节省。

苏查达与其他孩子一样，从小就知道如何节俭地生活。她和几个妹妹一起钻研缝纫技巧，照着书裁剪衣服的图样，找来各种碎布拼贴成好看的成衣。在这个过程中，苏查达和她的姐妹们享受到很多乐趣，也都变得心灵手巧起来。苏查达长大后对衣服及配饰有自己的一套心得，对美丽的概念和搭配的敏感，是从小锻炼出来的。

在对苏查达和她的姐妹的教育上，苏查达的父母认为，如果孩子们要什么有什么，他们就永远不会有耐心，更学不会满足；如果孩子们事事顺心，他们就学不会合作；除非孩子们感觉到痛苦和失去，否则他们就无法学会同情和尊重；除非孩子们身处逆境，否则他们就学不会勇敢和乐观。尽管人们都说"男孩要穷养，女孩要富养"，这样男孩子长大以后更能担当，女孩子长大以后则不会因

优雅而自信，是苏查达鲜明的性格特征

为物质而失去自我。但在苏查达的家庭中，并没有对男孩子格外苛刻，对女孩子格外纵容。苏查达和她的兄弟姐妹一样，都是在富裕的家庭环境中恪守着勤俭，学会了感恩和知足。

家中女孩较多，小姐妹们聚在一起难免会谈论化妆和打扮的事情，但是严厉的父亲在她们小的时候就告诫她们，不能将时间和精力用在穿着打扮上，虽然这些事情似乎是女孩子们“天经地义”

所热衷的。父亲认为，身为女孩，更要努力为自身增长本领，比如要接受良好的教育，日后要能有独立赚钱的能力，不能依赖丈夫等等，否则身为女孩子，以后的生活将非常艰苦，得不到真正的保障。父母总是为了孩子的前途而做长远的打算，苏查达的父母并没有明确要求孩子们今后要从事什么职业，要走怎样的道路，但是在一些原则问题上，父母的态度是很坚决的。

苏查达的父亲对女孩子们的教育观在当时的华人圈子中算是非常领先的。因为不管教育在中国的社会评价怎么样，它在泰国华人社会中对社会地位的高低并不起决定性作用。学位被看成是一种奢侈品，只有在积累了财富、取得了较高地位后才会去追求，学位不是一个人取得上层社会地位的途径。[①]简单地说，学位被有钱人当作是锦上添花的装饰品。

苏查达说："父亲经常告诫我们，人不应该是插在花瓶里供人观赏的静物，而是蔓延在草原上随风起舞的韵律。教育，就是让我们能够翩翩起舞的基本动力。对那时的泰国中等家庭而言，享受高等教育是一件非常重要的事情。大多数家庭都会尽其所能送他们的孩子去上好的学校。那时的中产阶级家庭会优先让男孩接受教育，很多女孩可能就没有那么好的机会上更高级的学校，许多家庭仍然觉得女孩应该尽快结婚，父母们在女孩子高中毕业之后不想送她去接受高等教育。我的父亲在这件事上的想法要更先进些。他一

① 〔美〕施坚雅著，许华等译：《泰国华人社会：历史的分析》，厦门大学出版社2010年版，第145页。

直告诉我们，女孩需要更多的教导，因为女孩不像男孩那样能从事体力工作。所以，如果女孩子想有一个好的生活，就不得不接受更好的教育，获得更多的生存技术，才能较好地生存，照顾好自己。当然，在现如今，男孩和女孩在工作种类上没有什么区别。当时，只要父母意识到教育的重要性，就会送他们的孩子去学校，不管经济上有多么困难。这不仅限于高中，高等教育也是这样。”

苏查达和几个妹妹一样，听从了父亲的教诲。但是年幼的她十分顽皮，并不肯花更多的心思在学习上。有一次，母亲被老师叫到学校，她回来之后心情沉重，独自坐在一个角落垂泪。苏查达很惊讶，问母亲发生了什么事。“你的老师说你经常不完成作业，学习成绩也是一直下滑，这次考试已经跌到了全班的末尾。”母亲十分担心地说：“你恐怕就要被学校开除了。”

苏查达想要辩解，她说：“我每天要做家务，有时作业不能完成也不是我的错。再说，我的成绩虽然下滑了，但是这只是暂时的，我还会努力好好学的。”

母亲搂过她来，耐心地给她讲道理：“你的父亲整日奔波，为的是让你们都生活无忧，安心学习。你们学好或是学坏，不是为了你的父亲或者是为了我，都是在为你们自己的将来打基础，如果你父亲知道你在学校是这样的状况，他不仅会感到忧心，更会因为自己的努力付出没有得到你们的珍惜而感到失望的。”

母亲垂着泪说：“我整日在家操劳，并不能在学业上给你们什么指导，需要你们自律。如今你已经到了辍学的边缘，我真的不知如何是好了。"

也许平时贪玩，也许有时是做家务耽误了时间，所以年幼的苏查达并没有把不交作业以及成绩下滑当作什么严重的事情。看到平日里生活态度非常淡雅自在，对孩子们也非常宽容的母亲如此难过和焦虑，苏查达的内心备受煎熬。她不想让母亲伤心，更不想让父亲失望。她暗下决心，一定要改变。

于是，每天放学后，她飞快地跑回家，放下书包，先帮妈妈做家务，等弟妹放学回来后就监督他们做作业，晚上吃完晚饭，她又飞快地刷碗，然后就坐在书桌前学习，不仅做完老师留的作业，还预习第二天老师要讲的内容。渐渐地，苏查达的成绩开始上升，从班里第41名升至第31名；到了学期中间，她的排名已经升至班级的中位，她的信心也恢复了。第二年，苏查达五年级的时候，她的成绩已经是班里的第二名了，从此苏查达就一直保持着名列前茅的成绩。

多年之后，苏查达再回忆起母亲垂泪的那个场景，依然十分动容："我非常爱我的母亲。我知道她努力持家，给我们带来幸福，她生育了九个孩子实在是很不容易。我不知道她是如何做到的，而且还做得那么好。更难得的是，她在奉献给家庭的过程中感到幸福和满足，并没有整日唠叨或者经常抱怨，这使我在内心深处真的很钦佩她。我尊敬她没有任何疑问、任何犹豫，把自己能做的都尽力做到最好的那种决心。我很理解母亲的不容易，所以我会尽我所能地帮助她，比如帮她照顾弟弟妹妹，帮她做饭、洗衣服、打扫卫生。我知道她完全没有空闲的时候，那时家中佣人不多，母亲几乎没有社交生活，她只有几个亲密的朋友，其他时间全部奉献给了家庭。我当然希望她能够以我为荣，我要做一个好女儿。所以当她因为我而难过的时候，我会感到很糟糕，尤其是她不因此而责骂我的时候，我就更感到羞愧和内疚。在那时，学校里没有家长会，只有在孩子出现状况或行为不端时，家长才会被叫过去和老师见面。”

经历了这件事，苏查达好像一下子成熟了起来。即使在家养病期间，苏查达也不放过任何学习的机会。在她那个年代，会使用打字机的人可谓凤毛麟角。谈起自己所掌握的这项技能，苏查达说：“我十四五岁的时候，记得有一个下雨天，我不顾父母的劝阻去海边游泳。结果等我返回岸边时，我的手指被水母蛰了，肿得厉害。我不敢出门，于是在家养伤。那时候父亲的办公室里有一台老式打字机，于是我就开始学习打字，慢慢就熟练了，而且这成为我日后工作和学习的一项技能。”

当苏查达高中毕业参加高考的时候，她的成绩排名全国第七名，是她们学校的第一名。在那次考试中，她的数学100分，英语100分，泰语84分，要是她泰语能考到87分，她就会是全国第一。

在苏查达的成长过程中，因为不忍母亲伤心、父亲失望而终于有了日后破蛹成蝶的一天，而且成长得比任何人期待的还要美丽，虽然在这个过程中有很多辛苦，有时候还会让她觉得灰心，面对汹涌而来的现实觉得自己渺小无力，但这是生命的一部分。苏查达说：“少年求学路对我来说最深的感受可能不是简单的‘成功’两个字，而是一种令我受益终生的感悟，那就是无论处于怎样的低谷，也不要灰心，要对自己有信心，做好现在所能做的，然后一切都会好起来的。”

教育背景：女孩子更要接受好的教育

对于苏查达树立起“女孩子更应该接受良好教育”的观念，父亲起到了非常重要的作用。这位精明的商人在中国生活的时候曾经做过乡村教师，他深知教育对于改变一个人(尤其是女性)的社会地位和人生轨迹的重要性；同时，他也深知女性在任何社会环境中都需要独立才能得到应有的尊重。因此，尽管他娶了一位家庭妇女，但是他并不希望自己的女儿们也在长大成人之后只能走上奉献于家庭且依附于丈夫这条路。

“我的妈妈在生活上和精神上完全依赖我的父亲，这在某种程度上是因为我的父亲作为一个男人喜欢她这个样子。但当推及他的女儿，他不能忍受自己的女儿如此依赖她们未来的丈夫。我能理解父亲对我们将要过上那样的日子是多么的担忧和害怕，如果以后我们的婚姻不如意，他就会特别心疼他的女儿，就会认为我们势必会遭受极大的委屈。为了我们今后能有幸福的生活，他尽力让我们独立，至少要会为自己做准备。在他的观念中，教育是女性获得独立的基本手段，他相信通过高等教育，他的女儿们会更聪明，能够更有能力处理事情，因而过上幸福的生活。从我们很小的时候，父亲就不遗余力地灌输我们这个观念。而我们对教育改变命运这一说法也笃信不疑。”

尽管苏查达深爱自己的母亲，但她并不想像母亲一样做一个家庭主妇。苏查达那一代人创建的家庭模式其实植根于童年的记忆。她在成长过程中看到的是母亲照顾孩子、做家务，父亲挣钱养家的场景，所以自己成家后也很容易陷入“男主外，女主内”的模式中，并且可能会认为这种模式是天经地义的。也许是受到父亲教诲的影响，苏查达很早就意识到，必须要打破女性对男性的依附惯性，而且越早打破这种传统就能越快地实现真正的平等。

在苏查达看来，一个女子必须先凭双手争取生活，才有资格追求快乐、幸福、理想。无论如何都要有自己的职业生活，结识志同道合的同事、朋友、对象，届时，可以结婚生子，也可以孤独终老，这叫作选择，亦是自由。

谈到父亲对自己的影响，苏查达沉思了片刻，她说：“在父亲的言传身教中，我学会了用多种方式去理性地处理问题。我的父亲不想把我作为一个男孩来养，但他也觉得如果我们对化妆和外表感兴趣，可能就会对学校生活、对求知本身失去兴趣。虽然这种说法现在来看可能有点过于机械，但是对于年幼的我们来说，在那时的确需要先建立这样的观念，并在行为上约束自己。因为我们都并不确信自己具有这样的定力，即既能将自己装扮得美丽漂亮，又能不沉溺于其中而保持学业上的优异。”

关于父亲具备理性地处理问题的能力，苏查达回忆起这样一个细节：“在父亲的朋友圈里，家里的女儿往往养到十六七岁就催促她结婚了。而我十六岁还在上高中，整天埋头苦读，立志要考上名牌大学。

“有一天，我的父亲带着我去参加一个老朋友的家庭聚会。父亲的朋友看到我非常喜欢，于是就很想做媒人，给我介绍一个家庭显赫的对象。她把这个想法跟我父亲说了，父亲微笑着表示感谢，当下并未做出明确的表示。

“晚上到家之后，我的父亲突然对我说，以后再也不会带我参加这样的聚会了。我在现阶段的任务就是学习，生活的重心应以学业为要，而不是去考虑早婚的问题。在我那个年龄段，正需要不断提高自己。”

有关婚姻的问题，父亲告诉苏查达，女性不能太过迁就和顺从任何人，事实上，男性尤其不能忍受女性一味地需要或者服从他们。一旦认定女性需要他们，必然的结果就是他们将变得傲慢无礼。女孩子在与男性交往时，所能够拥有的优势全在于对男性没有要求，不用依靠他们。如果从眼下的利益出发，苏查达的父亲拒绝一门前途光明的婚姻好像很傻，但是从长远来看，苏查达的父亲却用这件事告诉苏查达，看似美好的生活并不一定真的美好，只有自己创造的生活、自己能够把握的生活，才可能是真正美好的生活。

父亲说："只会读书的女人是一本字典，再好，人们也只会在需要的时候去翻看一下；只会扮靓的女人是一个花瓶，看久了也就麻木了。服饰美容是做好一个女人的必要条件，不是充要条件。你还需要多看书。这样你会发现生活更加美好。形容女性最好的词汇应该叫作'秀外慧中'，腹有诗书气自华。优雅不在服装上，而是在神情中。"

谈到父亲的教育观，苏查达自豪地说："他所有的女儿确实给他争气了。三个女儿在各个领域都获得了博士学位(统计、教育和药学)并成为大学教授、医生，另外两个女儿还成为会计师。我们很幸运能接受这种方式的培养，在一个重视对女孩良好教育的家庭中长大实在是太幸福了。中国的教育家蔡元培先生说得果然不错，要有良好的社会，必先有良好的个人；要有良好的个人，就要先有良好的教育。"

听从了父亲教诲的苏查达和她的姐妹们，走上了美好而平静的人生之路。"从小父亲有生产胶水和加工糖的工厂，家境还算比较殷实。当然他送我们去最好的学校接受教育不单是因为经济的原因，那个时候父亲的生意时好时坏，总是喜忧参半。但是我父亲相信女孩应该接受好的教育，才能在未来的生活中，不依赖于他们的丈夫或任何人。他总说，女孩只有独立才能自主，只有拥有一技之长才能以不变应万变。因此他经常鼓励我们好好学习。在兄弟姐妹中，我们总共出了三个博士，我们都很独立，都很有能力。他对我们的教诲也说明了他虽然器重男孩，但是对女儿们投入的心血一点都不少。”

为了保障孩子们得到较好的教育资源，苏查达的父亲整日投身于工作。在他的努力下，家里最大的男孩也就是苏查达的大弟弟上了当时曼谷最好的学校，这是一家由外国人开办的教会学校，名气非常大，就连泰国的国王年少时都被送去那里读书。家里的女孩都上了一所女子教会学校，教职人员都是修女。苏查达的小弟弟去了另一所教会学校。两所学校都是从幼儿园一直到高中，毕业后可直接上大学。

苏查达5岁半就开始上小学，在玛丽安天主教教会学校（Mater Dei）里她接受了非常好的教育，并练就了一口流利的英文。教会学校的教学环境采用完全西式的教育模式，从事教学工作的老师都是来自欧美的教会人士。在老师眼中，苏查达生性活泼好动，特别乐于助人，对老师也是礼貌有加。因此，老师们对苏查达的关爱也就更多。在学校里，苏查达的天性得到了尊重和发展，也是从那时起，她变得越发有主见。

说起自己的少年求学经历，苏查达对教会学校对她的培养非常感恩：“玛丽安天主教教会学校是泰国最好的学校之一。我学到了很多，不仅是知识——数学、英语、泰语、历史、科学等，而且我还学会了如何在生活中涵养自身，如何与他人相处，使我在品质、道德、伦理、原则等方面都有了深刻的领悟。那段求学经历大大地提高了我的情商（EQ）。正如哈佛心理学教授丹尼尔·戈尔曼所指出的，EQ是人类最重要的生存能力。一个人的成功，IQ的作用只占20%，其余80%是EQ的因素，也就是如何做人的道理。一个人如果不具备情感能力，缺乏自我意识，不能处理悲伤情绪，没有同情心，不知道怎样跟人和谐相处，即使再聪明，也不会有大的发展。我至今都还总会记起修女们教我去关心那些不幸的人，带我去看望孤儿的情景。通过与很多底层的弱势群体接触，我明白了一个道理，那就是唯有身处卑微的人，最有机缘看到世态人情的真相。一个人不想攀高就不怕下跌，也不用倾轧排挤，可以保其天真，成其自然，潜心一志完成自己能做的事。人间有着许许多多的因缘，每一个因缘都可能将自己推向另一个高峰，不要轻视任何一个人，不要疏忽任何一个可以助人的机会，学习对每一个人热情相待，学习把每一件事做到完善，学习对每一个机会充满感激。相信我们就是自己最重要的贵人。”苏查达微笑着说：“在玛丽安天主教教会学校学习的那段日子里，修女们和老师们培养了我对生活的热爱，这种热爱表现在对地上的尘土，贫穷和污秽，富有及腐败，树木和鸟儿的美，潺潺的流水，映照在池塘里的夜空，都怀着深刻的感觉。我的老师们告诉我，你必须对一切景物都怀着强烈的感觉。因为缺少了热情，人生可能会变得空洞、肤浅，缺乏意义。如果看不见树木的美，无法去爱它、关怀它，你就不是真的在生活。”

泰国的教育制度是要求所有的高中生必须参加高考，这个做法一直保持到现在，但在具体的评价指标上过去和现在有所不同。现在的高考成绩已经不是唯一的入学评价标准，高中时期的成绩也是参考标准之一。但苏查达参加高考时，高考成绩是唯一的入学条件，所有人上大学，必须参加高考。

朱拉隆功大学是泰国最好的大学，入学竞争非常激烈。在泰国，能考进朱拉隆功大学，对考生和他的家庭都是巨大的荣耀，学生们都拼命学习，想挤进这所大学。按照泰国的规定，考生可以报考四个志愿，然后根据考生的成绩录取到相应的学校。这与中国目前的高考基本相似。①

朱拉隆功大学，这所综合性大学坐落在曼谷市中心区，在泰国的高等教育体系中，它享有“三最”的美誉，即历史最长，规模最大，学术水平最高。美国前总统克林顿、中国前总理朱镕基都曾把它誉为“泰国的哈佛大学”。

苏查达非常自豪自己能成为朱拉隆功大学的学生：“朱拉隆功大学的发展分为三个阶段。第一阶段是从1917年成立到1959年。在此期间朱拉隆功大学一方面探索机构管理的模式，扩展教学规模，一方面着眼于筹措资金，广开财源。大学成立初期隶属于教育部，设有医学、工程、政法、文理四个学院。为支持办学，皇家拨出专用基金，并划出200万平方米的‘皇家田地’作为朱拉隆功大学的校园。1923年至1934年，学校曾争取到洛克菲勒财团的资助，1959年大学又通过与东盟成员国合作，由东盟出钱、大学提供教员和场地，在校园开设了东南亚地区研究生代培中心。

“1959年至1972年是朱拉隆功大学的第二发展阶段。在此期

① 自此至本小节结束，部分参用了宋岩对苏查达的采访和整理资料。

间，大学的隶属关系改变了，脱离教育部而直接归泰国总理府管辖。凭借着这一有别于国内其他任何大学的得天独厚的条件，朱拉隆功大学不论在人员、物资还是在财政等方面都享有优越的条件。当时又恰值泰国实施振兴国家教育事业的第二步规划，教育经费拨款显著增加。良好的机遇使朱拉隆功大学以前所未有速度发展着。短短13年间，学校的学院增至14个，教学科研机构亦配套成型，这一切为其在泰国的高等教育中始终保持领先地位提供了可靠保证。

“1972年开始至今，朱拉隆功大学进入第三个发展阶段。这期间，大学的教学管理进一步加强，新学科不断开拓，师资和招生力度都得到了加强。此时的朱拉隆功改为由新成立的大学部管理。

“我是在学校历经第二个发展阶段时报考和入学的，因此也见证并受益于朱拉隆功大学的发展成果。”

苏查达当年填报高考志愿时，父亲的意愿是让她报考会计专业，这样她毕业后就可以到父亲的公司里帮忙，也就意味着她加入了家族企业。苏查达当时听从了父亲的建议，她觉得帮助父亲是自己的责任，所以就填报了朱拉隆功大学的商学院。

在大学的前两年是综合学习阶段，苏查达学习了法律、商务等课程，每门课的成绩都很优秀。到了第三年，学生们可以自己选择专业方向，苏查达原本计划按照和父亲约定好的，选择会计学。

但在那时，统计学系的系主任邦特·肯塔布彻（Bundhit Kantabutra）教授给她打电话，问她为什么不尝试选择统计学这个专业。统计学是一个全新的专业方向，没有人了解统计学究竟学些什么，将来能干什么。尽管邦特·肯塔布彻教授向苏查达简单解释了一番，但她只能感受到这门学科将会和数据、数字打交道。当时苏查达想，数据很重要，它是很多信息的重要来源。尽管在上世纪60年代，几乎没有人知道信息的概念，更不知道信息科学即将迎来重要的发展时代，并且将会改变世界的面貌。

苏查达回忆起当时的情况时说："'会计学'对具备数学运算能力、喜欢数字的女生来说，一直都是一门很受欢迎也很实用的学科。总是有可供会计师选择的工作，会计师在退休后也可以工作。女生常被认为是细心的，擅长从事会计工作，因此选择会计专业的女生通常会更多一些。除了要帮助父亲的公司之外，这也是我最初选择会计专业的另外一个原因吧。

"我善于数学运算，也很喜欢数字。我觉得父亲给了我在当时（20世纪60年代）泰国中产阶级华裔父母所不会给予他们女儿的一个很好的机会，也就是获得大学教育。我真的很感激父亲，也想让父亲高兴。我所想到的最好的回报方式就是去协助他的公司。很显然，在那个年代，选择会计学似乎是对女孩子最合适的专业。事实上，我在朱拉隆功大学的第一和第二学年里确实表现得很好，两年都名列第一并从国王陛下那里获得了铜质奖章。

"然而，在我大二学期末的时候，我的专业和人生方向出现了转折。当时学生们必须要从四个可选的专业中选择一个作为自己的专业领域，即会计学、商务、经济学和统计学。

"优等生通常会选择会计学，然后是经济学或统计学，最后是商务。很明显从我的学业成绩来说，每一个人都期待我选择会计学。那一年是1965年，统计系刚拥有泰国第一台计算机——IBM 1620。那时，我们完全不知道计算机是什么，也不清楚它将会给我们的生活产生多大的影响。但是它是如此的新奇和复杂，我完全被它吸引了！恰巧那时系主任邦特·肯塔布彻教授联系到了我，他希望我作为数学成绩拔尖的学生可以选择统计专业。

"我记得他解释了统计学是什么学科以及统计员的职业路径。他说：'数据将成为未来的关键事物。统计学是关于获取数据、通过数据分析来做决策的学科。你将来可能会去公共服务部门，而不是私营企业，你的职业和工作将对国家发展作出重要的贡献。'

"邦特·肯塔布彻教授是海外留学归国的优秀人才，他对学术的把握在当时是走在前沿和尖端的。但对于年少懵懂的我来说，这些东西太遥远也太陌生了，说实话我当时没怎么听懂，更让我惴惴不安的是我不知道怎么和父亲解释我即将选择的这个专业。一想到没有遵从父亲的心愿，我就不免有些难过。然而，对新事物的挑战以及能够为公众、为国家做一些有益的事，听上去是如此有意义和吸引人。因此，我决定尝试一下。当我跟父亲汇报这件事的时候，他也不太明白我将来要是作为统计员能够干什么。但他想了想，并没有阻止我。我想他至少认为我在大学前两年所学的会计专业应该足以在工作上帮助他了。事实也确实如此，那时积累的会计专业素养，使我现在仍然作为一些慈善基金会的财务主管从事着会计工作。"

就这样，从大学三年级开始，苏查达就开始学习统计学和经济学两个专业。事实证明，苏查达的选择是极其正确的。后来她在哈佛大学深造的也是统计学专业，经济学则是她的第二专业。

她的专业背景对她未来作为校长治理大学特别是在管理财务方面发挥了重要的作用。正因为苏查达是统计学和经济学专家，后来她也一直被泰国皇室任命负责各种组织和基金会的财务工作。苏查达感谢这些专业知识给她提供了很好的专业素养和职业前景。

“读大学的价值也许在于能认识未来几十年最重要的朋友，能分辨哪些人自己一辈子都不会交往，能集中解决很多困惑，从而形成自己的原则，开始学会拒绝。读大学的价值也许在于我明白了世界上有很多优秀的人，于是开始有靠近这些优秀者的动力。读书并不仅仅是为了拿文凭，而是成为一个有温度、懂情趣、会思考的人。大学期间一定要多去图书馆，多去自习室。很多书如果在大学时期不读，一辈子就再也没有机会去读了。虽然不是每本书看了都一定有用，但是，因为不知道究竟哪本书以后会有用，所以只好多看书，抛弃那些功利的想法。大学四年，我没有想过要做学霸，拿多少奖学金，虽然每次我的成绩都很好。实际上，我不想做风云人物，我只想在这个独一无二的大学生涯里，学想学的东西，翘想翘的课，做喜欢做的事，修身、学习，成为想成为的人。做一个心安理得，快乐自在的人。”

大学毕业后，苏查达选择留在朱拉隆功大学当老师，既是偶然也是必然。其实她在朱拉隆功大学上学的时候，她辅导别人的能力

从大学时代起，苏查达就具备一个好老师的素养

和耐心就已经显现出来。

苏查达清楚地记得，那时候她的同学总是借她的笔记去抄，因为当时还没有复印机（复印机大概是在1960年出现的，她去哈佛大学读书后在哈佛的图书馆里才见到了复印机），她就用复写纸给同学们复写她的笔记。

另外，苏查达还总结了一套做好笔记的窍门，并跟她的同学们一起分享这些好方法："一份完美的笔记，除了上课时用心抄写，下课时还需要认真整理。我做笔记的心得大概可以总结为12条。第一，要检查所写的笔记是否精确，若有不准确的地方，设法加以厘清，若无法做到，就在上课的时候向老师发问。第二，在课后尽早处理笔记中无用的信息，同时，将速记的内容扩写清楚，以免以后搞不清楚。第三，在边界处加上提示的字眼或关键问题。第四，大声背诵笔记中的重点，可以帮助弄明白知识点的结构。第五，拟出纲要，把笔记整理出主要重点和次要重点，以方便阅读。第六，修订笔记，将笔记誊写清楚，不但帮助记忆，还可以随时添加条目和知识点。第七，加入课本的相关知识点，可以用不同颜色的笔来区分课堂知识点和书本的知识点。可以在记录完课堂知识之后记下书本上精简的知识点，或者标注书本的页码，以便能马上查到相关的内容。第八，举出自己的例子，这样可以考察是否已经透彻地掌握了相关理论知识。第九，制作知识点的纲要图解。第十，和别人的笔记进行对比，可以查缺补漏，并能丰富自己的观点和视角。第十一，经常翻阅笔记进行复习，这样在考试之前就很容易熟悉重点知识了。第十二，可以将自己容易遗忘的内容做成快速记忆卡，这样在零碎的时间和闲暇的时候可以拿出来看。”

她的同学一有不会的问题总是喜欢来找她，她总是很耐心地给他们讲解。找她的人很多，有时甚至在考试前，她会翘课去帮助同学复习，指导他们不会的问题，帮助他们顺利通过考试。她的同学都说，苏查达讲解得特别清楚明白，以后如果当老师一定是好老师。其实他们这样说的时候，苏查达并没有想到自己以后的职业竟是老师。

原本想着进入父亲的工厂做会计，所以苏查达并不像其他人那样早早地勾画以后的职业方向。不过，她总是得到父亲的提醒，无论在哪里工作，都需要有一个好的性格，要能融入群体生活。最重要的是要学会说话的艺术，说话太直接的人，即使说的都是真理，也不会有多少人喜欢。

也许受母亲的影响，苏查达是个快人快语的姑娘，而且很有个性，她想到什么就说什么，并不顾虑太多。她并不欣赏那些能口吐莲花的人，她觉得做人贵在真诚，如果对方不能明白她的一片真心，那么即使是轻言轻语，也是无效的交流。

苏查达说："我不会撒娇，小时候想要什么东西就只会眼巴巴地看着，得不到就只好算了。长大之后，以为得不到是因为自己不够努力，后来才发现，其实会撒娇比努力还管用。有时候真羡慕那些甜甜的姑娘，软软糯糯地说句话，笑一笑，人心都能融化。我站在旁边，被反衬得粗糙又坚硬，仿佛一瞬间长了满脸的络腮胡子。用现在时髦的词，我实际上真真是个女汉子，可不要被我温柔的外表所迷惑哦！"

一直以来，苏查达的优秀以及她的个性总会给她带来大大小小的挫折。面对这些挫折，苏查达的态度很明确："如果你拥有别人没有的，知道别人不知道的，会做别人不会做的，那就要做好心理准备了，因为别人会来批评你。如果想杜绝批评，除非你做一个无脑无能无言无为的人。但我永远不会做这样的人。记得有个长辈曾跟我说过，如果你跟你的竞争者一样优秀，那么他们不会佩服你，他们会打压你，嫉恨你；如果你比你的竞争者优秀一点点，那么他们也不会信服你，因为你很容易被超越；只有你比你的竞争者优秀数十倍的时候，他们才会容忍你的优秀，以及你所拥有的机会。因为他们对你望尘莫及。”

苏查达记得大学毕业后，有一个算命先生给她算过，说她应该从事一个别人永远不能炒掉她的职业，而且一生都必须努力工作。

对于算命先生的话，苏查达的想法是：“我并不相信他的话，那时我已经立志要成为一名大学教师。我并不知道大学和公司或其他政府机构的系统是不一样的。后来，我才了解到在大学的晋升中，也就是从助教到讲师，再到副教授，最后到教授，主要取决于你的学术成就和教学绩效。如果你保持你的水平和业绩，没有人能真正贬低或剥夺你的职位。因此看来，也算对上了算命先生的话。”

苏查达笑着说：“我是一个直言不讳的人，有自己的判断标准，也敢向我的上级表达意见。因此，在我后来的职业生涯中，我的同事会说如果我在真正的政府机构或私人公司工作的话，我将无法获得更高的职位，因为我总是有一说一，不会取悦上级。所以在私人或民营公司，我将很容易被解雇；而在其他的政府机构中，我可能不会晋升到更高的行政管理岗位。”

你发现说真话容易犯错，便不再说话；你发现愤怒、轻视与得意时都会影响人际关系，便省略表情；你发现手舞足蹈会影响形象，便不再做任何夸张动作——你终于活得如同一部人类学行为规范，去掉了表情，隐藏了情绪，不带一丝人气，成了橡皮人。苏查达坦承，人最悲惨的就是成为橡皮人，她不会为了任何事情而丢掉她的个性，她人生最精彩的部分之一就是她的个性。

谈起选择教师这个职业，苏查达感慨地说："我认为这和我是家中的长姐有一定的关系，虽然我之前并未充分意识到这一点。在大学，我被要求教我的同学们学数学和英语。他们说我辅导得很好，我总是能使他们更好地理解这些科目，为此我很自豪。当我日后在思考我的职业取向时，我觉得自己应该选择一个我擅长的职业。也是从那时开始，我沉迷于教学这件事，我认为被别人欣赏是一种奖励，而看到被我辅导的人在明白了一道题或一些内容之后的喜悦时，我很快乐。所以当我大学毕业的时候，我决定把教书作为我的职业。"

在苏查达即将入职的那个年代，教师的薪酬是比较微薄的："当我还在朱拉隆功大学读书(1963-1967)的时候，这所大学约有6000个学生，是一所公立大学。大多数大学在当时都是公立大学，只有少数的私立大学。作为公立大学，大学不得不根据所有的政府规章制度来执行，这意味着教职员工将根据他们的学位，与其他公务员获得相同的工资。这就导致教师这个职业在薪水上并不吸引人。然而，当时成为一名教职人员是很有名望的，只有顶尖学生才有机会成为教员。那些成为教师（teacher）和教职员工（staff）的人选择这份职业，大多是因为对这份职业充满热爱。而且在那时，也就是50年前，人们好像对薪资问题并没有像现在这样急功近利。"

时光飞逝，转眼间苏查达就要为参加毕业典礼做准备了。苏查达说，泰国高校毕业典礼的仪式与别的国家非常不同："在泰国，大学最初是由皇室家族创立的，即国王罗摩五世和六世是国家第一所大学的创始人。国王罗摩七世是在毕业典礼上为第一组医学毕业生授予学位的第一位国王。这一传统从那时开始沿袭下来，即国王陛下为公立大学的所有毕业生颁发学位。”

苏查达参加毕业典礼（1964年）

“这是一个非常庄严隆重的仪式，所有的毕业生都期待着这特别的一天。被授予毕业证书时会拍照，毕业生们都会留下国王为他们颁发毕业证的照片。后来当毕业生的数目大大增加，皇室成员也加入了授予学位的行列。对于私立高校，校长或一些受人尊敬的人士也会给毕业生授予学位证书。”

毕业典礼举行当天，苏查达和同学们都按要求穿着打扮一番。因为有皇室成员出席，对参加人员的各种礼仪要求很多，比如不能戴闪亮的配饰，包括手表、发夹、各种首饰等，进入礼堂的时候还要过安检机器。每年的6月中旬，学校会组织两场彩排，要求所有参加毕业典礼的毕业生至少来排练一次。在泰国人看来，能够参加皇室成员出席的任何活动，都是至高无上的荣誉，更何况是毕业典礼这样的喜庆之事呢。

排练的时候会有几个老师在礼堂的舞台上来回做示范，毕业生必须熟记自己坐的位置，知晓排在前后的人分别是谁。接受学位时，毕业生从舞台左侧的台阶上去，先分别向泰国国王像、泰国国旗和佛像鞠躬，然后面对主席台，依次走到舞台中央。这其中先迈哪条腿，一共要走几步路都是规定好的。走到舞台中央，离诗琳通公主还有两步的时候，要先行屈膝礼（男生鞠躬），然后再往前迈一小步，看着她的下巴（和皇室成员对视是不礼貌的）伸直右手，把手腕微微向左下方弯一下，接过学位证书之后要面对公主倒退三步再行一次礼，才能从舞台的右侧台阶下去（从泰国皇室成员的手里接过任何东西都是这种姿势）。

毕业生穿的白袍子是泰国古时宫廷官员参加任职典礼时穿的专门服装，后来沿用下来变成朱拉隆功大学学生的毕业袍。毕业袍的袖口和领口有几条金色的条纹，根据条纹的多少来表示是何等级的学位；在衣襟两边的条纹有橙色、蓝色、绿色等等，表示是何院系。

典礼当天的早上，为了保障皇室车队通过，从吉拉达皇宫到朱拉隆功大学，校园的道路全线戒严。校园里人头攒动，到处是盛装的亲友团和喜笑颜开的父母，摄影师的生意异常兴隆。由于泰国天

诗琳通公主为苏查达颁发朱拉隆功大学校长任命书

气炎热，学校还专门提供有大屏幕的凉棚给家长坐着休息，观看礼堂里面的现场直播。其他年级的学生也没闲着，他们会组织各种拉拉队，把毕业生和父母团团围住，先给毕业生献花，然后“哟嘿哟嘿”地一起喊口号唱歌。歌词滑稽有趣，先是恭喜毕业生，然后是向父母劝募社团经费：“老妈老妈你真美，我们一点不嫌累！老爸老爸你真帅，我们就缺50块！”在这种喜庆的日子里，谁会计较一点钱呢？大多数父母都会乐呵呵地掏出钱包，慷慨解囊。

学位授予结束后，皇室成员会发表演讲，表达对毕业生的期待和祝福。公主演讲完毕，所有的毕业生到礼堂外面的草地上对着朱拉隆功大帝的塑像跪拜，宣誓要报效国家，为泰国百姓服务。①

在毕业典礼上，苏查达成为全校为之瞩目的人，因为她获得了一等荣誉生的称号。

说起这个荣誉，苏查达介绍说："当时，在朱拉隆功大学教育体制与英国的体系相类似，学年课程和成绩评分如下:A等为86分及以上，B等为76-85分，C等为66-75分，D等为60-65分，F等为低于60分。第一等荣誉将给予平均得分超过86分的学生，所以要拿到一等荣誉是很难的。我们班只有两个毕业生拿到了一等荣誉。此外，我还获得一枚金牌，这是学院排名第一的学生才可以得到的。"

1964年在朱拉隆功大学就读的苏查达（中间者）

① 此处关于毕业典礼仪式的描述来自宋岩。

苏查达用自身的经历证明，女孩子一样需要接受优质的高等教育，而且，在学业方面，女性一点也不比男性差。那些在女孩子十六七岁就催促其结婚并扮演贤妻良母的家庭主妇角色的观念与做法，归根到底来源于一种歧视女性的性别文化。

在青年时代从来不在穿着打扮上用心的苏查达，日后在仪态举止方面所具有的优雅和高贵气质一点都不比别的女性逊色。苏查达在学业上的优秀，以及她在内心中磨砺的强大自信，使得华服美妆只能衬托而不是掩盖她的气质。无论她走到哪里，人们都首先会注意到她无与伦比的美丽外表，然后在与她的交谈和接触中，会被她深邃的内涵所倾倒，这是苏查达作为一个女性所拥有的最为无敌的魅力。

美国时光：非同凡响的历练与收获

1967年，21岁的苏查达大学毕业了。获得了一等荣誉生称号的她如愿留在朱拉隆功大学任教。最初她从事着助教的工作，主要工作内容就是帮助其他老师组织教学。刚走上工作岗位的她便释放出巨大的工作热情与干劲，她的美丽与活力也令师生们印象深刻。

在泰国，从助教到真正的讲师一般需要比较长的考察时间，但系主任邦特·肯塔布彻教授注意到苏查达的实力与潜力，于是没过多久就让她正式担当讲师的职务。

系主任邦特·肯塔布彻教授是苏查达生命中的贵人，是他引领苏查达进入了统计学的世界，是他给予苏查达教职，而且，也是他力促苏查达实现了留学哈佛的梦想。

原来，邦特·肯塔布彻教授兼任泰国统计委员会的秘书长，与国际发展署（AID）建立了良好的合作关系。那时候国际发展署正

从讲师到校长，苏查达与朱拉隆功大学结缘三十余年

好开设了鼓励优秀年轻人出国留学的奖学金项目，而且主要针对泰国、缅甸、柬埔寨等亚洲发展中国家。邦特·肯塔布彻教授努力争取到5个奖学金名额，其中一个就是留给苏查达的。

有一天，邦特·肯塔布彻教授突然跟苏查达说："苏查达，你去美国留学吧，你这么优秀，去留学能学到更多的知识，将来回来能更好地服务于朱拉隆功大学的发展，也能更好地壮大统计学系。"

那时的泰国还是个相对闭塞的国家。由于没有丰富的信息来源，身处泰国的苏查达对西方世界的认知仅限于父亲海外贸易归来所带的一些新鲜玩意儿，或者是街上美式咖啡馆中飘出的咖啡香味而已。到海外去留学，虽然无法感知具体将要面对的生活，但这个念头还是在苏查达一片空白的脑海中掀起了阵阵涟漪。

即使是天才，如果没有前辈的帮助，最后也会变成庸才，是做不出什么大事的。年轻人要看到钱以外的东西，那就是梦想。但还要找到一个真正能够帮助自己的师傅，这样才能少走弯路，就像牛顿所说的："站在巨人的肩膀上。"

在邦特·肯塔布彻教授的积极推动下，苏查达开始为留学美国做准备。邦特·肯塔布彻教授是美国芝加哥大学的高材生，他对美国非常了解。他手把手教苏查达如何申请美国的一流学校，如哈佛大学、耶鲁大学、加州大学洛杉矶分校、普林斯顿大学等等。在申请留学的过程中，苏查达开始寻找这些名校的资料，尽管她还未走出泰国，但是眼界和心灵已经被打开。

那时候在泰国还没有托福考试，泰国人要去美国留学都必须参加一种名为MICHIGAN的语言考试，相当于现在的雅思和托福。所有参加考试的泰国人都感到压力很大，毕竟要灵活和熟练地运用一门外语不是一时一日之功。但是，苏查达没参加任何培训和考试就被直接录取了，因为她从小在教会学校上学，英文成绩非常优异，她不需要参加任何英文考试即可入学。而与她同时申请的同学都要通过一定的课程和考试才可以出国留学。

留学申请的材料投递出去以后，苏查达和邦特·肯塔布彻教授一同经历了一段牵肠挂肚的等待。

当命运之神眷顾时，它总会出其不意地给你一个惊喜。有一天，邦特·肯塔布彻教授兴奋地告知苏查达，她被哈佛大学录取了，名校哈佛就这样与她结缘了！

对于未来的学习生活，苏查达既憧憬又畏惧。在此之前，苏查达从未独自远行过，更何况这次是去一个完全陌生的地方，且一去就是两年的时间。

面对充满喜悦但顾虑重重的苏查达，邦特·肯塔布彻教授对她说："姑娘，去做你想做的梦吧，去你想去的地方吧，成为你想成为的人吧，因为你只有一次生命和一个机会去做所有那些你想做的事。一个人活在这个世界上为了什么呢？我告诉你，是去经历和享受。没做过的事情要做一做。出国留学对你而言意味着什么呢？可能不仅仅是学习知识，更在于让你抓住这个机遇去体验不同的人生！环境不许可时，强求不来；时机来临时，放弃不得。当你犹豫的时候，这个世界就很大；当你勇敢踏出第一步的时候，这个世界就很小。”

邦特·肯塔布彻教授的话感染了苏查达，她对于出国的渴望也越来越真切和强烈。但是，至少还有一个问题她不能回避，那就是她不知道父母对她出国会持什么态度。

在这个大家庭中，所有的决定都由大家共同商量，母亲一般会支持子女们的想法，而父亲有时会考虑得更多一些，但也一般会支持好的想法和可行的方案。苏查达向父母解释道，因为自己是老师，所以必须去进修，只有拿到硕士学位，才有资格教她的学生。

苏查达记得自己即将离开泰国时，母亲哭得很伤心，她非常担心这个优秀又懂事的女儿，总是念叨说：“你到了那边，怎么吃饭啊，住哪儿啊，怎么生活啊？”苏查达理解母亲的忧虑，对于一个家庭主妇来说，走出家门，走出国门，是一件天大的事。

苏查达的父亲对女儿即将远行并没有像母亲那样担心，他很支持苏查达的这次进修之旅。他说：“你去留学费用够吗？你获得奖学金够学费吗？出去了不要担心经济方面，要好好学习，好好体验生活。你知道吗？所谓活着，并不是单纯的呼吸、心脏的跳动，也不是有脑电波，而是在这个世界上留下痕迹。要能看见自己一路走过来的脚印，并确信那些都是自己留下的印记，那才叫活着。你现在有这么好的机会出去增长见识，一定要好好珍惜啊。”

除了鼓励苏查达，她的父亲也担心苏查达的个性使她难以适应新的陌生环境，所以又特意嘱咐她：“做任何事情时，一切要跟随自己的心，但记得带上理智。一个真正聪明的人，是懂得如何让自己委曲求全的人。刚者易折，柔则长存。伴随着年龄的增长，你应该学会完善自己的个性，控制自己的情绪，莫过度任性而为。虽然这有点痛苦，但如果想要成功，就要记住，成熟的人做该做的事，而非只做喜欢的事。”

苏查达明白父亲的一片苦心。一直以来，她总是直来直去，做自己喜欢做的事情。她认为，没有一点儿疯狂，生活就不值得过，听凭内心的呼声有什么不好呢？为什么要把我们的每一个行动像一块饼似的在理智的煎锅上翻来覆去地煎呢？不过，现在要出国留学，要自己独当一面了，曾经个性很强的苏查达把父亲的话听到心里去了。

尽管安抚了母亲，也跟父亲解释清楚了此次留学的诸多问题，但是苏查达的内心还是有着无数的牵挂。她明白，自己一走就是两年。不仅是自己将要适应新的生活，自己的父母也必须适应没有她的近一千个日日夜夜。

龙应台曾说过，很多时候不是我们去看父母的背影，而是承受他们追逐的目光，承受他们不舍的、不放心的、满眼的目送。最后才渐渐明白，这个世界上，再也没有任何人，可以像父母一样，爱我如生命。

在充斥着思念、忐忑、憧憬以及担心的复杂心境下，苏查达开始办理护照和签证，准备衣服和生活物品。这一切的过程在苏查达的心中都留下了很深的记忆。她清楚地记得那时她乘坐的是斯堪的纳维亚航空公司的航班，航班从曼谷出发，在俄罗斯加油，然后到哥本哈根，在哥本哈根待一个晚上，第二天飞到纽约，再飞华盛顿。然而，她所乘坐的那班飞机在纽约晚点了6个小时，到达华盛顿是晚上11点多，她累得筋疲力尽。

苏查达要在华盛顿度过一个学习适应期，然后再飞往波士顿。找到宿舍已经是凌晨1点了。孤独、疲劳充斥着她的身体，再加上想念家人，她的情绪非常低落。即使是个个性坚强的人，在面对这样的陌生际遇时，也不免会脆弱。

和苏查达同住的是一个来自印度的女士，她比苏查达大20岁左右，已经是两个孩子的母亲了。她看到苏查达有点难过，就主动过来安慰她。她说："你也许不适应这样的生活，也许不适应这里的一切，你会发疯似的思念你的家人以及你所熟悉的一切。但你想一想，为了让你来到这里，你曾接受了多少别人不曾接受的恩惠，有多少人在羡慕和渴望着你此刻的生活。我刚开始来的时候也是一样感到孤单和寂寞，但很快我就转变了心态，因为孤单和寂寞的另外一个说法叫作自由，而自由是一个使你能变得更好的机会。真正的安全感，来自你对自己的信心，是你每个阶段性目标的实现，而真正的归属感，在于你的内心深处对自己命运的把控，因为你最大的对手永远都是你自己。"

这位室友的话令苏查达至今印象深刻："一个理智的人应该改

变自己去适应环境，只有那些不理智的人，才会想去改变环境适应自己。凡是你抗拒的，都会持续。因为当你抗拒某件事或情绪时，你会聚焦在那种情绪或事上，这样就被赋予了更多能量，它就变得更强大了。负面情绪就像黑暗一样无法驱赶，唯一能做的，就是带进光来。喜悦是消融负面情绪最好的光。一个人要想真正强大起来，都要度过一段没人帮忙、没人支持的日子，所有事情都是自己一个人撑，所有情绪都只有自己知道。但只要咬牙撑过去，一切就都不一样了。你努力了，尽力了，才有资格说自己的运气不好。无论你是谁，无论你正在经历什么，坚持住，你定会看见最坚强的自己。"

在这位室友的安慰和开解下，苏查达渐渐平静了下来。她亦开始明白，没有真正的人生体验，人的真正教育就无法开始。

那些痛苦的日子才是你生命中最好的日子，因为那些日子塑造了你。苏查达此时的状态就如《要么滚回去，要么拼命》一书中所写的，一个人20岁出头的时候，除了仅剩不多的青春以外什么都没有，但是你手头为数不多的青春却能决定你变成一个什么样的人。这个世界有那么多不顺心的事情又能怎么样，对它们说一句"滚开"，然后继续努力做好自己应该做的事情。

回忆起这段经历，苏查达说："我在朱拉隆功大学的研究生涯是一个起点。在那时，去国外深造是很必要的。如果你是想教大学本科，你至少需要获得硕士学位。因此，当我决心成为一名大学老师以后，选择去国外深造是一件自然而然的事情。恰好邦特·肯塔布彻教授提供了资助留学的名额给我，我非常感谢他。我之前从来没有独自出过国，而这次出国经历让我真真切切感受到了那句名言——如果你想走到高处，就要使用自己的双腿。不要让别人把你抬到高处，不要坐在别人的背上和头上。最终，你的负担将变成礼物，你受的苦将照亮你的路。”

苏查达继续解释道：“1968年，坐飞机出国是一件非常激动人心的事情。由于哈佛大学有一个区别于其他大学的学期安排——秋季学期从9月底至第二年1月底，而不是从8月至12月，所以我不得不独自旅行。而我经历的是一次真正的‘长途旅行’，当我午夜之后到达宿舍时，身心俱疲到了所能承受的极限。

“我曾听说过这样一句话——年轻人少存钱，多长本事，如果不知道怎么拿钱长本事，就把钱都换成路费，到处走走就行了。后来当我有了更多的旅行经历之后，我才领悟到此言果然不虚。旅行是重要的自学方式。旅行与阅读相互促进，因为旅行会促进你重新读很多东西，它也是一个在移动中不断重新思考的过程。”

经历了这次的独自旅行，苏查达一下子成熟了很多。她说：“这样的经历在我人生中是第一次，我感到很孤独，我必须自己照顾自己，并为我将要过的生活负责。我的家人在那一刻是如此的遥远。那种不知道我将什么时候可以回家看看，以及暂时无法与我的父母和兄弟姐妹们联系的感觉真是好可怕。要知道，当时没有互联网，没有Skype，没有国际连线，唯一可用的非常昂贵的长途电话对使用奖学金的学生而言是负担不起的。我那时一个月大概有200美金的生活费，要支付房租、吃饭，根本不可能有余钱来打电话。于是我就告诉自己，要坚持，要有耐心，一切都会好起来的。对于一个来自亲密大家庭的人来说，这种独自一人漂泊海外的感觉是一种发自内心的恐惧与凄凉。”

帕斯卡尔在《思想录》中，曾发出这样的感慨：痛苦对人是必要的。没有痛苦，人既不能认识是什么东西对他有害，不知道逃避它，也不知道给自己提供舒适；此外，没有痛苦，人也绝不会认识幸福。

苏查达这样安慰自己：心情不好时，要经常问自己，你有什么而不是没有什么。如果你觉得不爽，你就抬眼望窗外，世界很大，风景很美，机会很多，人生很短，不要蜷缩在一小块阴影里。如果你的生活已处于低谷，那就大胆走，因为你怎样走都是在向上。她说：“在我住进宿舍的第一个夜晚，我记得我第一次问自己，我在做什么，为什么要在那个年龄远离家园投身异乡，这样做对我的职业、我的生活、我的未来而言是值得的吗？我前前后后仔仔细细地想了想，我找到了我想要的答案。有一件事我始终非常清楚，那就是如果我想成为一名大学教授，我就必须面对更多的难题和挑战，我下定决心修炼自身，要实现自己的愿望和理想，我就别无选择！”

苏查达很理解有些年轻人的心态，这些人曾经有个阶段觉得父母不可理喻，想离家越远越好。离开家了才发现，其实父母也有梦想，也曾风华正茂，只是他们的梦想变成了我，我过得好，他们就好。如果没有我，他们早就实现梦想了。苏查达有感而发地说：“在你为了一点小事而要死要活的时候，当你累得想要放弃的时候，想想你身后的父母正在为你打拼，这就是你今天需要坚强的理由。当时，我就是这样激励自己的。”

苏查达在华盛顿度过了为期三周的学习适应期，然后就来到了波士顿，她被安排在一个寄宿家庭中。然而她还没住多久，这家人就外出了。于是，她必须找新的住处。

那时离哈佛大学研究生院公寓的开放时间还有一个星期，因为她提前一个星期到了，所以，她非常担心公寓不接纳她。当她开始为如何在当地生活而发愁的时候，她内心深处的挫败感前所未有地强烈。

一直以来，她都是那么幸运和成功，总是接受别人羡慕的眼光，但是此刻，她甚至需要为如何吃饭、如何住宿而发愁。巨大的落差令苏查达内心翻腾，十分煎熬。苏查达想：“我不能依靠任何人，我需要调整自己，尽管很艰难，但我要尽快适应。曾经的成功就像一位差劲的老师，它会诱使聪明的人觉得自己不能失败。过去的成功对我而言如同浮云，我要从此刻开始脚踏实地，接受各种挑战。”

坪内寿夫曾说过，只要肯做，任何事情都可以做到。但大部分人还没有去做，就说做不到。首先要除去这种心理。一旦努力作为，七成以上的成功率是跑不了的。来到哈佛，除了生活上有很多方面需要重新适应之外，在人际交往、学习上，苏查达也都需要重新调整自己。苏查达并没有忘记父亲在她临行前的嘱托。

在哈佛生存，社交能力非常重要。几乎所有的学生谈到哈佛时，都会谈到社交技能（social skill）。因为“所有的学生都是自己所在学校的领袖”，并且很多学习和交流的机会是在社交过程中实现和完成的。在这里，如果没有社交能力，就意味着你将会失去很多机会，被排除在很多圈子之外。

苏查达说：“当年，人们（包括学校里的学生）都知道中国、日本甚至印度，但几乎没有人知道泰国。人们不知道我们的生活方式、我们的饮食习惯、我们的文化与其他亚洲国家是不同的。举个简单的例子，当时的美国因为不了解泰国，所以没有专门适合泰国人饮食的餐馆。

“我记得父亲曾给我说过，不停约朋友喝酒聊天的人，看起来是想借这个机会增进友情；不断更换爱人的人，似乎是渴望得到一份真正的爱情。最终的结果似乎只是把自己的影子投射在每一个人的身上，更加印证了自己的孤独。找到一个陪自己的人不是孤独的解药，能享受一个人的孤独才是孤独的解药。因此，在我最初适应美国生活的阶段，并没有寻找很多人来帮助我，我更多的是依靠自己的力量。”

苏查达说：“初来乍到的我必须接受美国食物。我不怎么了解美国食品，而且对于如何购物我也不在行。幸运的是，我发现了一个中国餐馆，在我们宿舍的食堂开门之前，我每天都会去那里点餐。那里的人很善良，也乐于助人。在与中餐馆职员的接触中，我找到了很多乐趣。其他方面则多亏宿舍新朋友的帮助，我在很短的时间内学会了适应新的生活。到了美国以后，我发现不同国家和地区的人们，他们的思维方式、价值观和信仰有很大的差别，然而，我在所有这些差异中发现了同样的善良和温暖，一直很感谢有这次机会来了解这些文化的差异。”

苏查达记得她刚到华盛顿的时候，别人问她要去哪里，她说要去哈佛大学（Harvard University），对方总会不经意地重复说：“哦，霍华德大学（Howard University）。”当苏查达告诉对方是哈佛大学时，对方总感到不可思议而露出惊讶的表情。

系主任邦特·肯塔布彻教授曾经告诉她，哈佛大学在世界高等教育界享有很高的地位，国王的父亲就毕业于哈佛大学医学院。的确，能进入哈佛大学读书或者深造，是极为不易的。在西方社会普遍对泰国和泰国人不了解的情况下，他们先入为主地看低泰国人的能力，这也是苏查达意料之中的。

绝大多数人，绝大多数时候，都只能靠自己。没什么背景，也没有人帮扶，这些都不碍事。关键是，你决心要走哪条路，想成为什么样的人，准备怎样对自己的懒惰下手。向前走，相信梦想并坚持，只有这样，才有机会自我证明，保持你想要的尊严。

来到哈佛，苏查达想要好好珍惜这来之不易的留学名校的机会，但其实那个时候她并不清楚哈佛大学究竟好在哪里，哪些专业是最棒的。她只能先处处留心观察，并准备在自己擅长的专业领域大展拳脚。

M·斯科特·派克有段话说得很好：“大部分的恐惧与懒惰有关。我们常常会害怕改变，其实都是因为自己太懒了，懒得去适应新的环境，懒得去学习新的知识，懒得去涉足新的领域，但如果总是这样的话如何能让自己成熟起来呢？”

哈佛大学成立于1636年，是美国最古老和最著名的大学之一。“哈佛”之名正是为纪念第一位为其捐资的慈善家约翰·哈佛而命名的。为了更好地了解她即将就读的这所大学，她在图书馆查阅资料，并利用一切机会与其他学生进行各方面的交流。在很短的时间内，苏查达就发现这里的文化氛围和朱拉隆功大学有着非常鲜明的差异。

对所有的学生而言，在哈佛学习的第一年，无不感到非常恐惧。因为你只有拿出拼命学习的精神，才能继续保持优秀。毕竟，在哈佛就读的学生都是来自世界各国最优秀的学生，优秀者之间的竞争当然是异常激烈的。苏查达虽然在朱拉隆功大学获得了一等荣誉生的称号，但她在哈佛的莘莘学子中根本不算什么，尤其对她这样来自发展中国家的人，没有人知道和在意她以前所取得的成绩。她不能依靠过去的成绩来赢得同学的尊重，她只能在新的学习生活中重新铸造属于自己的辉煌。

苏查达本以为自己已经足够刻苦和努力了，但是见识了哈佛的学生如何学习之后，她才更深刻地体会到学无止境的含义。

在哈佛的校园里，没有人不醉心于那里美丽的景色，但是几乎所有人都不会在那里发呆欣赏，他们只会将这美好的景色留在脑海中，为自己繁重的学习增添一点放松的背景。

美国哈佛大学图书馆凌晨4点座无虚席

在哈佛大学的图书馆里，24小时灯火通明，任何时间都可以看到苦读的学生。就连哈佛的学生餐厅，也很难听到逗趣闲聊之声，每个学生端着比萨、可乐坐下后，往往边吃边看书或是边做笔记。苏查达说，她几乎就没见过哪个学生光吃不读的，更没见过哪个学生边吃边闲聊的。她感觉哈佛的餐厅与其说是休闲的地方，不如说是一个可以吃东西的图书馆更为贴切，是哈佛那100个图书馆之外的一个“另类图书馆”。在哈佛，就连医院实际上也是图书馆的延伸，那里同样地宁静，同样不管有多少人在候诊，也无一人说话，无一人不在阅读或记录。

懒惰是很奇怪的东西，它使你以为那是安逸，是休息，是福气；但实际上它所给你的是无聊，是倦怠，是消沉；它剥夺你对前途的希望，割断你和别人之间的友情，使你心胸日渐狭窄，对人生也越来越怀疑。

苏查达的所见所闻让她领悟到，在这个世界上，美妙的时光给人的温暖何止百倍。如果不能抓住那光辉，那么等待她的只有无尽的痛苦。不管往好里说还是往坏处想，每天其实都在战斗。学习与不学习的人，在每天看来没有任何区别，在每月看来差异也微乎其微，在每年看来差距虽然明显，但好像也没什么了不起的，然而在每5年来看的时候，那就将有巨大的差别了。等到了10年再看的时候，也许就是一种人生与另一种人生之间不可企及的鸿沟。

在苏查达刚刚抵达哈佛大学的时候，她就被震撼到了。那是半夜，可整个校园依旧灯火通明，就像一个不夜城。餐厅里、图书馆里、教室里还有很多学生在看书。强烈的学习氛围一下子就感染了她。在哈佛大学，学生的学习是不分白天和黑夜的。这样的氛围对于她这样一个热爱学习、肯于钻研的人来说，无形之中就多了许多的亲近感和信任感。

在哈佛大学还有一个奇特的景观，那就是到处可以看到倒头就睡的人，甚至有人能在食堂的长椅上酣睡。旁边来来往往的人见此情景，一般不会觉得稀奇，因为他们早就见怪不怪了，谁都可能有因为实在太累而顶不住的时候。

硅谷创业之父保罗·格雷厄姆（Paul Graham）曾说过，在我们这个世界，你是向下沉沦或者是向上奋进，都取决于你自己，不能把原因推给外界。许许多多不创造任何财富的人，一听到最富有的5%人口占有全社会一半以上的财富，往往会认为这是不公平的，但他们不知道，最顶尖的5%程序员写出了全世界99%的优秀软件。

苏查达在哈佛大学感受最深的是哈佛学生虽然学得苦，但是他们总是乐在其中。对于其中的奥秘，苏查达的体会是，这里的学生对所学领域有着强烈的兴趣，而且在他们心中燃烧着要在未来担当大任的使命感。

乔布斯年轻时每天凌晨四点起床，九点半之前把一天的工作做完。他说：自由从何而来？从自信来，而自信则是从自律来。先学会克制自己，用严格的日程表控制生活，才能在这种自律中不断磨炼出自信。自信是对事情的控制能力，如果你连最基本的时间都控制不了，还谈什么自信？

看来，成功永远没有秘诀，它的光环背后无不是用千百倍的汗水和泪水堆积起来的。那些不劳而获的成功，注定不会长久。为了保持成功，人们只有不停歇地继续努力下去。

苏查达在哈佛大学留学期间，一天只睡四五个小时。一开始她实在顶不下来，只有拼命喝咖啡提神，时间长了，她对少睡也就习以为常了。除了这种方法以外，苏查达还总结出一套合理利用时间的心得：“时间就是上帝给你的资本。命运之神是公平的，他给每个人的时间都是一样的。但成功女神却是挑剔的，她只让那些能把24小时变成48小时的人接近她。因此，在有限的时间里，要做大量的不同的事，一定要找对方法。我总结的方法包括：远离琐碎，保持焦点；要把精力集中在最出成绩的地方；不要等待，现在就做；不要被无聊的人或事缠住；避免无谓的争论；对待时间要像对待生意一样计算成本；善用零碎的时间；避免过度疲劳；遇事不钻牛角尖。我会花一定时间锻炼，有时是散步，有时是冥想。锻炼可以促进新陈代谢，调节身体机能。每天锻炼的人，虽然消耗了体力，但是换来的是精力充沛。相反那些不锻炼的人，经常会觉得累。”

苏查达说：“我的经验之谈是，做事之前多想想。想明白你为什么做这件事，怎样做可以达到最佳效果。很多人拿起事情来就做，兵来将挡水来土掩，一股脑地做完了事，这实际上是非常不明智且低效的做法，因为目的不清晰就会走岔路，做事方法不优化就会浪费时间。有时你花五分钟多想想，就可以节省好几个小时。另外，要控制好做事的节奏，张弛有度。从早到晚做事，不可能保持一样的效率，如果你早上精神好，那么就利用早上做重要的事，下午和晚上做一些相对轻松的事。即使在一个小时内做事，也要把握节奏。可以高强度地做五十分钟，然后低强度地做十分钟或者休息一下。”

“与教授或者同学进行交流的时候，我也有一个小技巧。那就是每个话题谈论的时间不超过一个小时。另外，人要有自知之明，知道哪些事能做，哪些事不能做。不要随便承诺教授或者同学，人的精力是有限的。选择是一种智慧，只有会放弃才能保证睡眠啊。”

她说："当你每天醒来的时候都有两个选择：醒来，再睡，继续未完的美梦；醒来，站起来，去实现自己的梦想。很多时候，我们只要再坚持一下，看到的风景和达到的境界就很不一样。更多的时候，我们需要的是一点恒心，需要的是不放弃。在威斯敏斯特教堂的碑文上，镌刻着这样一段话，我认为很有道理：当我年轻时我梦想改变世界；当我成熟后，我发现我不能改变世界，我决定只改变我的国家；当我进入暮年，我发现我不能改变国家，我的最后愿望仅仅是改变一下家庭，但这也不可能。当行将就木，我突然意识到：如果一开始我仅仅去改变自己，我可能改变家庭、国家甚至世界。"

在苏查达的班上，国际学生和美国学生各占一半，因为课程负担重、作业多，大家基本上都是学到凌晨三四点钟才回去休息，上午八点钟又要准时上课。在国内读书时学到夜里12点钟就觉得自己够刻苦了，可在哈佛要在这个钟点睡觉，绝对算是个偷懒的学生。

苏查达在哈佛大学一个星期的阅读量等于她在朱拉隆功大学一年的阅读量。哈佛的作业量很大，课后要花很多时间看书，熟悉案例。每堂课都需要提前做大量的准备，只有课前准备充分了，上课时才能在课堂上和别人展开充分的交流，否则，就无法融入课堂的教学中，那种被隔离在热烈讨论气氛之外的感觉并不好。因此，即使再辛苦也值得。

"人们对待读书，往往有一种刻骨铭心的功利态度。首先要问：有没有用？连读史也必须强调是为了鉴古知今，为了获得历史的经验。但是，如果不为什么，就不能读书吗？读一点没用的书，就毫无意义吗？读书，在某些时候，就是人生的一部分，谈不上有什么用。无用之用，才是大用。”

苏查达说：“在哈佛，如果你是个死学习的人，那么你坚持下来很困难。如果你是个会学习的人，那么你坚持下来相对来说就容易多了。什么是会学习呢？简单地说，就是要保持创造性。保持创造性其实并没有什么神秘的。我的教授就告诉了我一些方法，我认为很有用。比如要学会列清单，随身带着笔记本；可以尝试自由写作；远离电子产品；学会休息，可以在洗澡的时候大声唱歌；听新的音乐，与志同道合的朋友在一起集思广益；要不断练习，永不放弃；要能学会冒险，打破常规；要坦然承认自己的错误，遇事懂得顺其自然；要随时记录下来突发的灵感，并将它们付诸实践，做到有始有终。”

苏查达在哈佛的学习压力一定程度上来自学校的淘汰机制。哈佛大学平均每年有大约20%的学生会因为考试不及格或者修不满学分而被休学或退学，这些被淘汰的20%的学生的考评并不是学期末才完成的，每堂课都要记录发言成绩，平均占总成绩的50%，这就要求学生要均匀用力、不能放松。

苏查达说：“我有一个同学曾经总结过何为勤奋。他说，人家跪着，你站着；人家在party，你在思考；人家在度假，你在读书；人家在忽悠，你在练功；人家在幻想，你在行动；人家在妥协，你在坚持；人家在发福，你在减肥；人家在辩解，你在认错；人家在求签，你抓住了机会；人家跌倒趴下，你跌倒了再爬起。他实在是太有智慧了。”

在哈佛，不仅学生倍感压力，老师同样也不会感到轻松。哈佛的课堂要求老师要讲授新知识、传递新信息。即使是同一门课，老师所讲的内容也必须紧跟前沿学科的发展变化。因此，哈佛的老师必须占领最前沿的研究阵地。哈佛大学认为，教授首先应当是个学者，能够享受挑战和创新的乐趣，而且能与他人进行有说服力的交流。因此，哈佛大学的老师总是能吸引同学们的注意力，不仅在于他们为人十分亲切，全无一点老师的架子，更在于他们在求知上有着和同学们一样的活力和热情。

既是学生又是教师，带着这样的双重身份，苏查达非常感慨地说："到了哈佛，你才知道真正的精英并不是天才，都是要付出更多努力的人。时间抓起来就是黄金，抓不起来就是流水。对读书来说，尤其是如此。在哈佛，我看其他学生如何学习，学会了如何做一个合格的哈佛留学生；同时，我也注意观察这里的教授和老师是如何生活和授课的，并在暗中模仿着，吸收着他们知识的精华和行为做派的优势之处，为我后来重回朱拉隆功大学任教积累经验。"

以前，苏查达和许多人一样，认为美国人的生活丰富多彩，天天不是去酒吧、赌场，就是去夜总会、电影院。但是去美国后才知道，绝大多数美国人的生活其实都很保守和单调，一下班就回家。"通过媒体和影像所认识的美国，是非常单一和片面的。如果以为电影中所塑造的美国形象都是真的，那你就是彻彻底底的傻瓜。只有来到美国，和美国人接触，感受美国文化，你才能形成更全面的认知，才能摒除偏见去吸收人家优秀的东西。我们总会说西方世界误解了我们，实际上，我们有时也会误解西方世界。”

哈佛大学所在的波士顿是个大都市，但这里一到晚上六七点钟，店铺就纷纷关门，很少有经营到晚上12点的酒店和娱乐场所。这可难坏了在国内爱扎堆玩的留学生们，因为他们很难找到有能让大家聚在一起狂欢的公共场所。即使在圣诞节，街上也是冷冷清清的，大家似乎都不愿意把精力投入在外面，而喜欢与家人待在一起，关上门享受只属于自己家庭的节日。

哈佛一般秋季学期是9月下旬开学，到次年1月初结束（一般美国高校8月开学，圣诞节前放假），所以苏查达那些在其他高校的朋友们一到圣诞节就邀她出去玩，但那个时候苏查达正好在考试前夕，她要准备论文和复习考试。每年都是如此，她的朋友总是笑她，觉得她来到美国却过得更“悲惨”了，圣诞节还要复习考试。对苏查达而言，节日每年都有，但是来哈佛读书的时间却是有限的。因此，即使年年都在准备考试中度过圣诞节，苏查达也并没有太多的遗憾。

很快，苏查达就完全适应了在哈佛的生活，而且开始与同学和朋友们展开正常的社交，生活也步入了正轨。

她说：“最艰难的时候我真的好想哭，但是我也明白，如果你哭，你只能一个人哭，没有人在意你的懦弱，只有慢慢地选择坚强。如果你笑，全世界都会陪着你笑，你给世界一缕阳光，世界还你一个春天。很多时候，我们都是在寂寞中行走，不要期望他人来解读你的心灵，认同你的思想，要知道，你只是行走在世界的路上，而世界却给了你全部天空。一个人待久了就习惯了，甚至忘却当初的孤单如何噬咬自己，如何辗转反侧、痛不欲生。习惯是一种忘却，忘却最初的梦想和壮志，忘却所有刻骨铭心的欢笑与泪水。有人说这叫成熟，还有人说这是衰老。事实上，这不过都是习惯。难怪爱默生曾说，习惯是一个人思想与行为的领导者。”

那时候美国人对亚洲的了解少得可怜，她记得有一个特别调皮的美国男生曾调侃地问她：“听说你来自泰国？泰国在哪里？你是不是骑着大象来的？”

对于这些玩笑，苏查达总是一笑置之。对她来说，这也许仅仅是个玩笑而已。“生活的要义就是满怀兴趣地活在这个世界上。睁大你的眼睛，要从你所遇到的每一个人的身上看到各种可能性——看到他的人性。有的人是真的在开玩笑，而有的人是拿开玩笑当幌子。对于这两种人，要区别对待。在这个问题上，既要捍卫自己的尊严，同时，也不能丢掉了必要的幽默感。”

苏查达比较反感这样的人，他表面上对你微笑，内心深处却对你保持着遥远的距离，他习惯用他自己既定的观念去裁断你，特别是当他认为你的国家相对于他的国家是弱势的，那么他好像也在任何方面都比你具有优势似的，从内到外地鄙视和排斥你。这样的人苏查达不是没有遇到过。这些面和心不和的人，让苏查达感悟到差别与压迫之间存在着某种必然的联系。

事实上，虽然泰国曾遭受缅甸和高棉人的入侵，也曾于第二次世界大战期间被日本短暂占领，但泰国总能摆脱外国强权的长期统治，这在泰国人的本性中亦有所反映。泰国人极其自尊与独立，但这些特性在泰国人身上并没有表现为傲慢自大，而是面对外国人时的自信与慷慨。在苏查达身上，泰国人的这一特性被充分展现了出来。

在苏查达的观念中，西方世界对泰国和泰国人的误解并不可怕，在信息相对封闭的时代，这是无可厚非的。但是，随着泰国对外交流的进一步开放，泰国与西方一定会出现新的、更加对等的关系格局。另外，人心不是铁板一块，人的观念亦会随着外部条件的改变而发生改变："列夫·托尔斯泰不是说过吗？我们最容易犯的错误，就是轻率断定别人为好人还是坏人、愚者还是贤者。人像河川一样在不断流动、不断变化，人并非每天都以同样的面貌存在，人是有各种可能性的：傻瓜可能变聪明，邪恶的人可能变成善良的人。反之亦然。"

苏查达发现，在美国，有的人对外国人充满了挑衅和不屑，也有的人对外国人非常友好和热情。"大多数美国人的素质是比较高的，他们关注他人的处境，肯定他人的价值，凡事往好处想，认为聆听比倾诉更重要，兼容、接纳别人，语言保持温和，不在背后议论别人，尊重他人的时间，不挤对别人，回避私人问题，有错立刻道歉，不随意麻烦别人，不推卸责任，爱护环境和小动物。"

哈佛其实那时候已经很国际化了，很多留学生是来自中国和印度的，在教职员工中也有不少中国人和印度人，他们当中大多擅长数学，在这个学科上表现出很强的实力。但是在大多数西方人的观念中，亚洲国家的学生虽然可能在某方面比较优秀，但因为基因中就带着“欠发达”的特质，所以不必得到尊重和平等对待，亚洲国家的学生也不该有朋友。

在东西方隔阂甚深的年代，来自亚洲国家的学生既需要全身心地投入无比繁重的课业，更需要在不友好的文化氛围中及时调整自己的状态，并努力融入当地的文化与社会生活。

事实上，很多人很难做到学业优秀与融入社会两者兼顾。

苏查达记得她是她们班上唯一的一个亚洲人。在她进入哈佛之前，有一个亚洲男孩在她所在的统计学系学习，后来因为承受不了哈佛巨大的学习压力，精神崩溃了，只能退学回家。所以当苏查达来到哈佛的时候，系主任非常紧张，还特意对她进行了一个谨慎的面试。

哈佛的每一位学生从入学的第一天起就有一位对应的教授做导师，为他提供各种咨询和指导，帮助他解决学习、生活和工作中的任何问题。如果学生学业有困难，哈佛会免费给他提供课外辅导和私人指导。如果学生经济有困难，哈佛会重新考虑他的情况并做出相应的资助调整。

所以当苏查达到了哈佛之后，也需要一位专门的导师。经过系主任的面试以后，苏查达被指派给了一位著名教授威廉姆·科克伦（William G. Cochran）。苏查达记得，当时系主任对她的导师说：“科克伦，这里有一位年轻女学生要交给你了，你要好好照顾和教导她。”

苏查达记得，她的导师当时面对着她，表现出一丝紧张，可能是担心她也会像那个亚洲男生一样顶不住这里巨大的压力而精神崩溃。要知道，在过去的一年中，他们一直担心那个男学生，所以这次他们招收亚洲的学生时不得不特别谨慎。

苏查达很快就用自己的言行消除了导师的顾虑。她积极、乐观、务实、奋进的态度，使她与导师相处得非常愉快。

苏查达与导师威廉姆·科克伦教授合影

苏查达相信，人生中的挫折都是有其存在意义的，它们让你重新步入人生的正轨。或许你还无法理解这些事情发生的原因，或许它们对你来说是痛苦难熬的，但是，当你回过头去审视这些负能量时，你会发现它们最终会让你变得更出色。所以，要笑着面对人生中的困境，尤其要对自己有信心。

苏查达说："知名统计学家威廉姆·科克伦教授是我的导师和负责教授。我到哈佛大学统计系的第一天，系主任莫斯特勒（Mosteller）教授带我去了科克伦教授的办公室，要求他当我的导师。科克伦教授在我们第一次见面时并未多言，但是从那时起就开始为我的研究着手准备了。他把他和斯内多科（Snedocor）教授合写的书——《统计方法》从书架上取下来给了我。他让我每周读一章，并过来向他报告是否完全理解其中的内容。如果可以理解，他就会针对那一章的内容开始提问。他真的非常好，我特别钦佩他的仁慈和专心，我从他的身上学会了如何对待自己的学生。后来，当我决定研究抽样法的课题时，他成为我最信任的论文指导老师。"

科克伦教授在学术方面的成就是显而易见的，而在为人处世上的通达则是与他密切接触过的人才能感受到的。从科克伦教授的身上，苏查达懂得了人生最可贵的品格是本分自然地生活，踏踏实实地做事，兢兢业业地工作，诚诚实实地交友，心底坦荡地为人。"通过与教授的接触，他教导了我很多，他让我明白，一个人要有知书达理的修养，有博大精深的学识，有宽以待人的胸襟，有严于律己的习惯，有与时俱进的意识，有海纳百川的雅量，有侠骨柔肠的

苏查达相信，微笑是世界上最自然、最美丽的表情

心智，有果敢担当的气魄，有登高望远的视野，有朴实无华的作风，有百折不回的毅力，有高雅含蓄的气质。”

“这几年的留学生活，累是一定的。但我相信我的人生不可能就止于此。我不想长大后变成街上那一群庸人，我不想以后每天做的都是不喜欢却必须做的事，我不想成为那种人。我有我的梦想，所以我要努力。我必须说，科克伦教授把我视为可以交心的学生和朋友，就像是我们期待能够从一个好顾问，一个关心、理解和帮助学生的老师那里得以倾囊相授是一样的。科克伦教授的严谨治学给我留下了很深的印象，在他的身上，我懂得了即使是最小的事情，也要倾注你的心、你的思想和你的灵魂，这就是成功的秘密。”

每一个优秀的人，都有一段沉默的时光。在那段时光里，她付出了很多努力，忍受了很多的孤独和寂寞，不抱怨不诉苦，当日后说起时，连自己都能被感动。在哈佛的日日夜夜对年轻的苏查达而言，是永志难忘的经历。她忘不了那里的一草一木，更忘不了自己努力打拼的每一次努力。佛家有一个故事说得很好，同样都是石板材，有的被用作石阶受人践踏，有的却被尊为佛像受人膜拜，差异就在于后者经历了千刀万剐的磨砺。对苏查达来说，少女时代经历的风景已经深深地长留脑海之中，直至她在事业上步入巅峰之后，面对人生分岔路时，仍会得到很多鼓励与勇气，这些鼓励和勇气可能不是来自于谁曾跟她说过的什么话，而是那些她曾经历的风景带给她的领悟。

苏查达说："把生活想象得太好你会跌得很重，把生活想得太糟你会失去活下去的勇气。生活中只有一种英雄主义，认清生活真相后依然热爱生活。如果生活是一杯水，那么痛苦就是掉落杯中的灰尘。我们可以选择让心静下来，慢慢沉淀那些痛苦。如果总是不断地去搅和，痛苦就会充满我们的生活。所以，即使生活的水杯中落入了灰尘，我们也要努力让每一天都过得清澈。好景致总是出现在路的尽头。在哈佛，除了整日的学习之外，我一个人逛街，一个人吃饭，一个人旅行，一个人做很多事。一个人的日子固然寂寞，但更多时候是因寂寞而快乐。极致的幸福，存在于孤独的深海。在这种日复一日的生活里，我逐渐看清了自己能有多坚强。有句话说得好，正是那些让人心绪沉重的时刻，日后成了我们巨大满足和快乐的源泉。在哈佛读书的日子，我一方面通过读书知道了自己原来不知道而且也没有的东西，我收获了很多知识；另一方面通过读书知道了自己原来已经有但没有意识到的东西，这些东西是自己感悟到的，但好像一直沉睡着，现在被唤醒了、激活了，并且因此获得了生长、开花、结果的机会。我所收获的那些智慧，为我后来的人生提供了重要的支撑。"

两赴哈佛：艰难的抉择

苏查达最初申请到的是在哈佛攻读硕士学位的奖学金，按照要求她必须在两年学业结束时拿到硕士学位并返回朱拉隆功大学。

在第一学期结束后，苏查达的成绩是全A。消息传回朱拉隆功大学，系主任邦特·肯塔布彻教授就对国际发展署的负责官员说："像苏查达这么优秀的年轻人，你们应该继续给她奖学金，让她攻读博士学位。"

国际发展署通常只提供硕士学位的奖学金，还从来没有提供过博士学位的奖学金。邦特·肯塔布彻教授一直为了苏查达继续读博的事情向国际发展署的官员们进行劝说，最后国际发展署的官员终于同意，但要求苏查达在经费用完之后不管拿没拿到博士学位都必须回国。

苏查达获得的这笔宝贵的经费来自哪里呢？原来，当时享受国际发展署奖学金的国家情况复杂，有的国家的学生只读了一年就回国了，有的并没有花完所有的钱，于是国际发展署把这些剩余的钱拿给苏查达读博士。在这种情况下，幸运的苏查达又得到了大概两年半的奖学金。

硕士毕业后，苏查达不敢休息，立即开始了攻读博士的学习。这两年半苏查达把全部的时间都用来学习、做课题，不敢有丝毫的懈怠。每天从教室到研究室这两点一线，她总是脚步匆匆。

不能忍受无聊的一代人，将是平庸的一代人。不能忍耐无聊，生活就会变成持续的对无聊的逃离。当一个人被注入新的活力，并拥有善于发现的习惯时，她不仅情绪会改变，心也改变了。

两年半的时光说长也长，说短也短，当苏查达正在没日没夜地准备她的博士论文时，朱拉隆功大学来电通知她必须回国，因为她申请的假期已经用完了。而且，她的签证也到期了。其实那个时候她已经完成了博士阶段大部分的学习任务，就差一个语言考试以及博士论文了。

苏查达不想就这样回到泰国，然而各方面的条件都不允许她继续留在哈佛了，万般无奈之下她只能回国。

起初她打算在泰国完成博士论文，再向哈佛申请博士学位。可是她回到泰国后才发现，国内几乎什么资料都没有，更没有电脑、复印机，没有完善的图书资料，而她要想完成博士学位论文，需要很多详尽的资料。没有这些条件，要完成一篇高质量的博士论文几乎是不可能的。另外，她一回到朱拉隆功大学就必须承担起教学工作，而且工作量比较大，这样她就更没有时间去完成博士论文了。

回国后，她与相爱已久的男友田柴（Thienchay）结了婚。苏查达与田柴志同道合、相互理解，他们的婚姻生活虽然平实但是充满了浪漫的激情。谈起那种平实与激情相伴的感觉以及相互心动的感受，苏查达说："借用凡·高的话说，每个人心里都有一团火，路过的人只看到烟。但总有一个人，总有那么一个人能看到这团火，然后走过来，陪我一起。我带着我的热情、我的冷漠、我的狂暴、我的温和，以及对爱情毫无理由的相信，走得上气不接下气。他结结巴巴地对我说：'你叫什么名字？'后来，我们的故事有了一切内容。"

无论是与田柴的相遇，还是最终牵手，苏查达感到的只有幸福："我是很幸运的人，与田柴组建了和睦的家庭后，使我看到了真爱的样子，那是和欲望、需要、生活的其他需求层面都不相干的爱的样子。结婚的时候，我们都很朴素和单纯，没有富足的物质，但我们每天的生活都充满了乐趣。现在很多年轻人结婚，在物质方面什么都不缺，但是爱情好像总是抵抗不住各种各样的诱惑而不能长久。由此看来，因为爱情走到一起的两个人，是否能维持美满的婚姻生活，并不取决于物质条件是否优厚，而是取决于两个人的心是否紧紧靠在一起，是否能对生活中的各种挑战同样有着携手并进的决心。"

婚后，她的丈夫田柴申请到了美国杜克大学的奖学金。这个消息给他们的生活带来了新的规划。夫妻俩商量好，为了完成博士学位，必须要再次远赴重洋。于是他们俩毫不犹豫地辞职了，重返美国，去完成他们未竟的学术梦想。

在这个世界上，幸福总是不期而遇的。倘若你把幸福当作目标来追求，那将是一场白费心机的追逐，永远不会成功；而当你在追求别的目标时，则很有可能抓住连做梦也没有想到的幸福。对苏查达和田柴而言，重返美国圆求学梦，就是那种不期而遇的幸福。

关于那段经历，苏查达说："我读完硕士之后继续攻读博士，遇到的困难主要并不是钱的问题。我相信我的家人会为我提供经济支持直到我完成我的毕业论文。然而，真正让我不得不回国的原因是，在国际发展署奖学金的支持下，我的签证类型是A1而不是F1。这种签证要求一旦奖学金结束，受资助者必须回到他的国家，这项规定是为了防止受资助者毕业后留在美国工作。因此，我不得不在尚未完成博士学位的情况下回到了朱拉隆功大学。

"回来一年半以后，我的博士论文写作仍没有大的进展，我意识到我不得不再回美国去。在此期间，我嫁给了田柴，他当时是经济学院的一名讲师，他也准备去杜克大学攻读经济学博士学位。当时我们都意识到，我们必须在美国完成各自的博士论文。"

谈起自己的丈夫，苏查达说："我与丈夫并不是一见钟情。我们相识是因为我们都是商务学院的讲师。当时，经济学是商务学院的一个系，而在政治科学学院还有另一个经济学系。后来两个系都合并到了经济学院。"

田柴是个很优秀的人，苏查达对此很自豪："我爱人毕业于朱拉隆功大学的财政与政治科学系，之后他留校并在我就读学院的经济系任教，也就是那个时候，我们相遇了。此后我们都去美国留学，他去了夏威夷大学，并最终在那里获得了经济与人口统计学文学硕士。我去了哈佛大学。"

许多人以为，两个人熟悉得像亲人就没有爱情了。其实爱到平淡，才是一生的开始。浓烈的爱往往是流动的，爱你也会爱别人。所以重要的不是爱上你，而是只爱你一个；重要的不是爱有多深，而是能爱到底。找人恋爱很容易，难的是过一辈子。结婚过日子，过的是习惯和性格，并没有那么多的风花雪月，面对的是柴米油盐，将两个人维系在一起的是对彼此的信任和包容。

1970年，苏查达和田柴摄于美国

苏查达回忆起谈恋爱的那段日子，是艰苦中有甜蜜：“我们一直用书信联系了一年。那时候打电话很贵，我一个月只有200美元的奖学金。打一次电话就意味着得好几天挨饿，所以我们舍不得打电话。”

在那段日子里，苏查达和田柴维系着一种既亲密而又相互独立的关系。这样的关系把他们从不可救药的孤独感中拯救了出来，是他们生命中最重要的一种体验。

“1971年，我爱人回到泰国，一年后，我也回到了国内，1973年我们结了婚。之后由于我爱人需要继续攻读博士，而我还需要完成我在哈佛的论文，我们双双又去了美国，我爱人当时在达勒姆市的杜克大学攻读博士。当我从哈佛大学毕业以后，成为罗列市北卡罗来纳州立大学的一名讲师。当时我每天得开车，奔忙于达勒姆与罗列两地，虽然辛苦但很幸福。”

在那段日子里，苏查达和丈夫过着“不谋其前，不虑其后，享受当下”的生活。他们夫妻俩在一起，行也安然，坐也安然，穷也安然，富也安然。

美国作家塞林格曾说，你一定得认识到自己想往哪个方向发展，然后一定要对准那个方向出发，要马上。你再也浪费不起多一秒的时间了。一个人不成熟的标志是他愿意为了某个理由而轰轰烈烈地死去，而一个人成熟的标志是他愿意为了某个理由而谦恭地活下去。

确定自己往哪个方向发展，也是一度困扰苏查达的问题。她必须做出取舍。

苏查达说："人生需要结交两种人：一是良师，二是益友。练就两项本领：一是做事让人感动，二是说话让人喜欢。能吃得下两样东西：一是吃苦，二是吃亏。在去美国和保留在朱拉隆功大学的教职这两者之间，必得有所取舍，不能两者兼得。"

苏查达聊起她和丈夫为何要从朱拉隆功大学辞职的原因时说："当时朱拉隆功大学商务和会计学院的院长特奥姆萨科迪·克里什纳姆拉（Teomsakdi Krishnamra）教授，给我开了离开许可证

苏查达（右二）与友人一起参观地方文化博物馆

明。因为我回来工作不到两年，所以再次离开情况特殊，只能获得6个月的时间，然后我将不得不每6个月申请一次离开。这是一个非常困难的局面。摆在我面前的两难选择是：我应该冒着被拒绝的危险再次申请离开6个月还是应该牺牲我的工作呢？一方面，这意味着如果离职，我将失去10年的公务员身份。另一方面，这意味着我必须确定院长会在这一两年内每6个月给我开一个离开许可证明。我和我爱人评估了这两种可能性，最后，我们认为应该选择辞职。在我决定辞职的时候，原来的系主任邦特教授已经从系里退休了。因为他辞去了国家统计办公室秘书长一职，之后他被告知，因为他不再是公务员，也就不能担任这个系的主任了。”

我们提升生命的质量，不在于你活了多久，抓住了多少，而是你把握了多少精彩瞬间，放弃了多少不属于你的东西。在美国梦与经济损失之间，苏查达选择了去圆美国梦。

再返朱拉：学成归国，报效母校

放弃了十年的教职，苏查达与丈夫再次远赴美国。在哈佛，她如饥似渴地抓紧学习，每天查资料，计算数据，终于在短时间内完成了她的博士论文，非常顺利地拿到了博士学位。她的丈夫则在杜克大学攻读博士学位。苏查达一边陪着他，一边工作，维持生活。当丈夫快要结束博士学习的时候，他们决定再次回到泰国去。虽然两个人都以优异的成绩拿到了博士学位，在美国具备很好的生存能力和上升空间，但是对于苏查达和田柴来说，泰国是他们的祖国，那里有他们挚爱的家人。而更重要的原因是，苏查达在当初辞职的时候就决定今后一定要回到她的母校朱拉隆功大学教书。

“那个时候，我们要回泰国，回朱拉隆功大学的愿望很迫切。虽然美国很好，但在那里所收获的似乎都属于昨天。哪怕那里的风再温柔，对我们来说也是异乡。我们不是不具备在那里生活的能

苏查达(右三)参加文化活动

苏查达在清迈参加文化活动

力，但我们总觉得我们的未来不能在那片土地上出发。”

于是，苏查达向朱拉隆功大学发出就职申请，希望得到统计学系教师工作。但是让苏查达没想到的是，她的申请石沉大海，没有任何音信。于是苏查达猜想：是不是系里没有收到她的申请信？于是她又写了第二封、第三封，但奇怪的是，对方依然没有任何回音。

苏查达想，那时候统计学系的老主任已经退休，新接任的主任是一位女士，自己与她并不熟悉，可能对方对自己也不了解。特别是对于一个留学哈佛的博士要回校，校方当然是很欢迎的，但是有的人也许会想，她回国的动机是什么？是不是只是暂时拿朱拉隆功大学的教职当一个跳板，等回国后稳定了，再转到别的更高薪资的地方去？毕竟，有些留学归国人员就是那样做的。如果真是那样，那么新的系主任当然有可能会对苏查达的求职申请信漫不经心，因为她心里会想，反正苏查达也不是真心实意要回来教书。

考虑到这种情况，苏查达再次给系主任写了一封信，信中除了表达希望回到统计学系工作的愿望以外，还解释了自己争取回校任教的原因。在信的末尾，苏查达特意强调请对方收到信后无论是否聘用她都务必给她回复，因为她还要规划她的工作和人生，如果朱拉隆功大学统计学系不同意聘用她，她就计划到其他地方找工作。这封信发出后不久，她终于得到了回复：“你回来任教吧。”

就像中国作家王小波所说，不相信世界就是这样，在明知道有的时候必须低头，有的人必将失去，有的东西命中注定不能长久的时候，依然要说，在第一千个选择之外，还有第一千零一个可能，有一扇窗等着我打开，然后有光透进来。

经历过学习和工作中的一些波折之后，苏查达更深切地领悟到，你的心态就是你真正的主人。要么你去驾驭生命，要么是生命驾驭你，你的心态决定谁是坐骑，谁是骑师。佛说，物随心转，烦恼皆由心生。心态的不同必然导致人格和作为的不同，因而也会谱写不同的人生。

按理说，像苏查达和田柴这样的留美人才，朱拉隆功大学应该是用厚薪聘请，用比一般老师更好的待遇来留住她们。但是苏查达却遇到了这种情况，她心里多多少少会有些落差。但那时的苏查达对人情世故看得更透彻了。在她留学美国的这段日子里，她除了每天都在增长知识和技能以外，心也在这个过程中磨砺得异常通达与温和。

苏查达的体会是，不要急着让生活给予你所有的答案，有时候，你要拿出耐心去等待。即使你向空谷喊话，也要等一会儿才会听见绵长的回音。也就是说，生活总会给你答案的，但不会马上把一切都告诉你。只要你肯等一等，生活的美好，总会在你不经意的时候盛装莅临。

在20世纪60年代，与其他发展中国家的情况一样，当时出国留学的泰国学者很少有回来的。但是苏查达怀着对朱拉隆功大学的感恩之情，希望能学成归国。于是，当她以教师的身份再次出现在朱拉隆功大学的时候，她的朋友们都感到既在预料之中，也在意料之外。

之所以说在预料之中，是因为熟悉苏查达的人都知道，她有着一颗脚踏实地、懂得感恩的心。为了回报老主任对她的帮助与提携，她有义务回来教书，发展统计学这门学科，壮大统计学系。

之所以说在意料之外，是因为当时教师这个职业虽然享有他人的尊敬，但是在薪酬方面非常微薄。一般出国留学的人会把经济回报看得格外重要，因此这一条也是很多人不愿回国、回校的重要理由。

有的人明着跟她说："苏查达，你真是个傻瓜！为什么要从美国回来？你知道朱拉隆功大学现在的教师薪水是多少吗？既然好不容易又出国了，并且放弃了十年的教职，你就应该在美国大展拳脚。以你的实力，应该得到更好的生活，起码也应该享受更优厚的工作环境和工作回报。你就这样回国了，谁都会心生怀疑，你图的是什么？"

苏查达说："有一种人，他穿时尚的衣服是为了让别人看，开的车也是为了让别人看，居家装修也是为了让别人看，所从事的工作也是为了让别人看，送孩子去名校也是为了让别人看，他一切的一切都是为了把自己的品位或成绩或格调展现给别人，所思所想都是以他人眼光做唯一标准，这种人可以叫'橱窗人'。其实，大多数人都是活在他人眼光之下的橱窗人，但我和老公对生活的期待比较朴实，我们只想过让自己感到舒心的日子。"

苏查达回到朱拉隆功大学任教后，她的薪水是每个月150美元。150美元在当时属于非常低的薪水，尤其是对她这样一个哈佛大学毕业的博士来说，简直是不可想象的。

苏查达告诉她的朋友们：“人往往将现状归咎于环境因素，但我不相信环境因素这回事。那些出类拔萃的人会去找些他们要的环境，如果找不到，他们会去创造他们要的环境。生活并不完美，但并不代表它不美。多看看我们生活当中美的部分，否则，我们永远会对别人的人生羡慕不已。人可以穷，心不能穷，心里的能源，取之不尽。就如莎士比亚所说，爱所有人，信任少数人，不负任何人。当初是这所学校培养了我，并且为我争取到奖学金，我才能去哈佛继续深造并最终取得博士学位。现在我回来教书是完成我对朱拉隆功大学的承诺。如果我不回来，也许我会过得非常舒适，但我必然会时常内疚。如果朱拉隆功大学不接受我回来教书，那则是另外一回事，但是如果我自己不争取回来的话，就是我忘恩负义了。”

很多时候，我们总是希望得到别人给予的好处。一开始，感激不尽。可是久了，便当成习惯了。习惯了一个人对你好，便认为是理所应当的。有一天人家不对你好了，你便心生怨怼。其实，不是别人对你真的不好了，而是我们的要求变多了。习惯了得到，便难免会忘记去感恩。

除了对学校怀有感恩之情外，苏查达这样做也是为了回报前任系主任邦特教授对她的栽培与信任。邦特教授欣赏她，器重她，希望她回来任教，推动统计学在泰国、在朱拉隆功大学的学术发展。

苏查达记得邦特教授在她还读大二的时候，就告诉过她统计学是一门对国家发展非常有用的学科，虽然那时苏查达并不理解，但是当她读完哈佛的博士学位以后，对邦特教授的理想和愿望就理解得格外透彻了。苏查达说："统计学与数字有关，需要良好的分析能力和决策能力。今天，计算机可以承担许多运算工作，因此，应用统计学实际上已经不像过去那样枯燥了。而且，教师在教学过程中也改变了教学方式，课程变得更有趣了。我认为统计学是当今一门非常重要的学科，特别是在我们努力建设知识型社会以提升国家竞争力的过程中，这门学科将发挥意想不到的巨大作用。"

这个世界不是有钱人的世界，也不是无钱人的世界，它是有心人的世界。另外，有的人来到你身边是告诉你什么是真情，有的人是告诉你什么是假意；就像有的人来到你身边是为了给你温暖，有的人是为了使你心寒。这一切都是生命赐予的礼物，无论你喜欢与否，都要接受，然后学着明白它们的意义。

在国外留学期间，苏查达度过了很多艰苦和难熬的时光，但她只要想到邦特教授对自己的期望，便坚持下来并最终取得了满意的成果。苏查达每每忆起留学生活，总会感慨良多："人们总爱将人生的愉悦寄托在外界，依附于世俗的认同之上。很多人都说现实束缚了自己，其实在这个世界上，我们一直都可以有很多选择，生活的决定权也一直都在自己手上，只是我们自己缺乏行动而已。每个人都有潜在的能量，只是很容易被习惯所掩盖，被时间所迷离，被惰性所消磨。"

苏查达说："在我的成长过程中，始终有令我敬仰和终生难忘的人。其中有鼓励过我出国学习的朱拉隆功大学的邦特教授，也有我在美国哈佛大学的导师科克伦教授，他们对我的学术生涯产生了深远的影响。除此之外还有泰国皇室，包括普密蓬·阿杜德国王、王后，还有玛哈·扎克里·诗琳通公主等等。他们都非常关心下层人民的生活，他们为了国家和民生不断地努力和奋进。"

苏查达坦诚地说："从哈佛大学毕业后，我成了北卡罗来纳州立大学统计学系为时两年的客座助理教授，而在此期间我的丈夫正在杜克大学攻读他的博士学位。我很享受在那里的教学经历，也很难忘与我的同事和学生一起度过的美妙时光。在美国的生活确实很诱人，那里的各项制度都很完善，人们都按照制度和规章行事，生活显得简单又方便。可尽管如此，我的心中还时不时地会有一个声音提醒我，自己还有未尽的义务和责任。我所说的'义务和责任'对现在的一些年轻人来说，可能显得陌生或者不可思议，毕竟谁不想追求更舒适、质量更高的生活呢？但对我们这一代人来说，与舒适和高质量的生活比起来，人生的使命和该承担的责任是更重要的。使命和责任决定了人生的方向。"

如果人生像在走路，很多人一生都在房间里走，一圈一圈地走，走了几千里几十年，仍在房间里打转，人生走到尽头时才感到碌碌无为。他们不是寿命更短，而是没找到门。他们不是不努力，而是不知为什么努力。

苏查达向达拉拉斯米（Dararasmi）公主像致敬（2006年）

诗琳通公主出席章楚里广场新楼竣工仪式

“一个人的成就，不是以金钱衡量，而是一生中你善待过多少人，有多少人怀念你。生意人的账簿，记录收入与支出，两数相减，便是盈利。人生的账簿，记录爱与被爱，两数相加，就是成就。不论你多么富有，多么有权势，当生命结束之时，所有的一切都只能留在世界上，唯有灵魂跟着你走向下一段旅程。人生不是一场物质的盛宴，而是一次灵魂的修炼，它在谢幕之时比开幕之初更为高尚。把钱看成目的，或是把事业看成目的，是完全不同的两种人生观。钱是流动的水，放在地上，它流走了；放在容器里，会干涸；即使喝到肚子里，它还会溜走。既然留不住它，何不顺水推舟，成全事业。

“我得以在美国学习，是系主任邦特帮忙牵线，使我最终成功申请到了美国A.I.D.奖学金。我之前向系主任邦特教授保证过，会回去工作并希望成为国内统计事业发展主力军中的一员。尽管关于回国工作并没有法律约束，我仍感受到一种来自内心的强大约束力。我始终相信，如果不是我而是系里的其他人拿到了这个奖学金，他或她也同样会回去工作的。我知道如果我放弃了这个责任、不去履行我的承诺，我此生内心都将不得平静。我相信我在我的大学和国家能够比待在美国这个拥有众多优秀统计员的国家能够作出更多的贡献。我当时下了非常大的决心，一定要回国，回到朱拉隆功大学去。”

回校任教之后，苏查达的同事和朋友们都说：“你是我们班上所有同学中最聪明的，但是现在却是过得最穷的。你说你自己的选择是对还是错呢？”每次同学聚会吃饭，苏查达都被大家给予免费的待遇，而且他们总会说：“哼，就你那150块，怎么活啊！”

苏查达对此倒是很不以为然：“政府（公立）大学必须使用和其他公务员相同的工资标准。有博士学位的教员当时的工资是每月150美元。因为我知道这个规定，也有一定的心理准备，所以并不是很惊讶。”

就如罗兰所说，如果你够豁达，你就应该领悟，人与人之间只能在笑语喧腾的时候显得亲热，或在一方可以施舍善意，博得慷慨之名的时候显得仁慈，除此之外，没有谁会真正分担你心灵上的寂寞。坚守自己的原则，并安于清贫的生活，这份寂寞是苏查达的朋友们所无法解读和坚守的。

无论过去还是现在，苏查达一直牢记母亲的教导：做一个简单而温暖的人。她总对自己说，人一简单就快乐，一世故就变老。保持一颗年轻的心，做个简单的人，享受阳光和温暖，生活便应如此。钱对于一个人和一个家庭来说很重要，但还没有重要到让一个人放弃她内心应有的坚持。

苏查达说：“幸福是比较级，但并非与别人比较，而是与自己曾经的不幸福比较。一个人只要经历过坏透了的日子，才会真正懂得感激和幸福。上苍不会让所有幸福集中到某个人身上，得到了爱情未必拥有金钱；拥有金钱未必得到快乐；得到快乐未必拥有健康；拥有健康未必一切都会如愿以偿。知足常乐的心态才是淬炼心智、净化心灵的最佳途径。”

在泰国，任何工作都必须有快乐，哪怕这工作琐碎而繁重，但只要有快乐就值得做。这种好玩乐、爱欢喜的特点，并不表明泰国人工作不努力或不追求他们的人生目标，这只说明泰国人喜欢在工作中寻求乐趣，任何了无生趣的事情都令人生厌。

苏查达对于教师工作的热爱便是她从工作中得到乐趣的根本所在。任何外在的原因都阻挡不了苏查达对生活和工作的热情，她内心深处仿佛有一汪永恒的热流，就像温泉的底部；她一直希望来一次一劳永逸的喷发，让她就此成为一个在人性上更完善的人。

苏查达的丈夫回校后在经济学院任教，苏查达则在商学院任教。商学院的院长是新来的，人很好，对教师特别关心。他知道苏查达夫妇俩都是主动申请回来任教的，他就跟两个人推心置腹地

朱拉隆功大学校园一景

说："你们两个都在这里教书，这点薪水怎么养活你们全家？怎么养活你们的孩子？你们应该好好想想你们的决定。"

院长有此担忧，是因为在苏查达回来任教之前，学校里的一位老师曾经也接受了奖学金资助，学成后留校了，但觉得薪酬待遇太低，最终还是偕夫人辞职了，当然他退还了留学期间学校所给的工资。后来这位老师去了银行工作，各种待遇非常高。

正因如此，商学院院长非常担心苏查达会像那位男老师一样离职。而且由于当初她和丈夫辞职继续赴美深造，导致了她比与她同时参加工作的人少拿了10年的养老金。

你也许不清楚自己是个什么样的人，但当你面对金钱、权力和人生是非的选择时，你会知道真正的自己是个什么样的人。苏查达那时留下来的意志非常坚定，她请商学院院长理解自己的想法，支持她和丈夫的决定。

她对商学院院长保证，自己一定会认真对待这份工作，不会因为工资低就辞职。为了表明决心，她说尽管自己挣得少，可是那没关系，她和丈夫可以减少休闲时间，不去餐馆吃饭，不去娱乐消费。对他们夫妻俩而言，过简单的生活并不是多么困难的事情。一个人如果内心丰富，可以不在乎外在世界的表象。

叔本华曾说，一个精神丰富的人在独处的时候，沉浸于自己的世界，自得其乐；但对于一个冥顽不灵的人，接连不断的聚会、看戏、出游消遣都无法驱走那折磨人的无聊。最大的愚蠢也就是为了诸如金钱、晋职、学问、声名，甚至为了肉欲和片刻的欢娱而献出自

休闲状态下的苏查达

己的健康。我们更应该把健康放在第一位。

苏查达说："从个人角度来讲，生活本不苦，苦的是我们欲望过多；人心本无累，累的是放不下的太多。人生就是欲望和所求不断减少的过程，所以要学会放弃与回归，放弃一切浮躁和喧嚣，回归内心的安宁。有些事不是看到了希望才去坚持，而是因为坚持了才会看到希望。"

苏查达摊开手掌，又握了握拳，她说："你想要抓住更多，但当你摊开手掌时，你得到的只是你手掌所能把握的那么一点而已。人们总是羡慕别人月薪几万，却不知道他日日加班到深夜。人们也会羡慕别人说走就走、到处游玩的自由，却不知道他为这份自由放弃的东西。一切都有代价，无论是财富、事业、爱情还是自由。别人永远是别人。别处永远在别处。等你走过去，你现在身处的地方又会成为你的别处。所以不必羡慕。生活不在别处，在此处。"

为了回报为她付出过的人，为了报效学校和这个国家，苏查达做出了人生一个很重要的选择。虽然当时她也不清楚这样一往无前的决心能不能够支撑她度过以后无数个艰难的日夜，但是她愿意尝试着去挑战自己。

苏查达相信，拥有智慧的人都是活明白的，不是想明白的，这意味着他们不是想明白再活，而是边活边想明白。凡是想明白再生活的人往往不是疯了，就是永远不敢开始生活或者干脆放弃了思考生活。所以当你想不明白的时候，不妨先开始生活，保持好奇，保持耐心，边活边明白。

如愿以偿地再次成为朱拉隆功大学的教师之后，苏查达总是保持着低调，她从来不会提及自己是哈佛归来的博士，甚至忘记了自己的博士头衔，她只把自己当作朱拉隆功大学一个普通的青年教师。她明白一个道理，没有人生活在过去，也没有人生活在未来，现在是生命确实占有的唯一形态。她每天骑着自行车上下班，在图书馆、资料室与教室之间穿梭，苏查达在忙碌的工作中始终保持着从容淡定之心。

苏查达相信，你是什么人，便会遇上什么诱惑；你总会往你喜欢的诱惑的方向走去。你喜欢，所以诱惑才成其为诱惑。正如哲学家早已点破的：我们并非被对象挑发了欲望，而是，刚好相反，心底有了流动不居的欲望，才去找寻对象。

在苏查达的内心中，有一种信念十分坚定，那就是我们不应该把自己想得太好，以致把自己的价值估计得过高；我们也不可因为自己具有某些长处，别人没有，便以为应在别人面前占有优势；我们只应该在我们的本分以内谦逊地接受别人之于我们的恩惠。如果你想对社会的上层炫耀自己，那就打消这个念头，他们照样看不起你。如果你想对社会的底层炫耀自己，也请打消这个念头，他们只会嫉妒你。身份和地位往往使你感到无所适从，唯有一颗坦诚的心方能使你悠然地面对整个社会。

在朱拉的工作成就：从系主任、院长到校长

再次回到朱拉隆功大学之后，苏查达的身心再也没有离开过这里。

苏查达说："我从美国回来以后，开始以副教授的身份在朱拉隆功大学教书。1979年，我担任了金融与统计系的系主任，一当就是8年。1991年，我担任了金融与会计学院院长，1999年又出任了研究生院院长。可以说从1991年开始，我一直在校务委员会的各种会议上积极表达自己的观点，聆听他人的观点。这些行政工作为我积累了大量的管理经验，使我在不断的磨炼中逐渐掌握了统摄学校全局的能力。朱拉隆功大学的校务委员会会议代表，包括校领导、各学院院长以及教师代表。通过参会，我知道我的责任和使命之所在，知道了如何管理，并尊重教职工的意见和建议，维

护他们的利益。”

人生来是为行动的，就像火总向上腾，石头总往下落。对苏查达来说，如果没有行动，就等于她并不存在。

回到教师岗位的苏查达很快就展现出很强的科研实力与教学水平，这也使得她在短短几年中，受到了同事与上级领导的瞩目，有机会从一名普通的统计学教师发展成为商业和会计学系的系主任。

1979年至1987年这8年间，她通过自己的努力，将自己在专业领域的卓越水平和教育管理方面的才能展现得淋漓尽致，让周围的同事对她相当佩服，就连当初阻碍她回国的领导也对她刮目相看。优秀的苏查达正在领导着朱拉隆功大学统计学系逐渐发展壮大，使它从一个不起眼的小专业很快发展成为实力强大的商业和会计学系，并且成为朱拉隆功大学的一个优势专业学科，这一学科所产生的效能在未来的一段时间内为朱拉隆功大学乃至泰国作出了巨大的贡献。

苏查达介绍说：“统计方法最早可以追溯至公元前5世纪。最早的统计著作来自公元9世纪的《密码破译》（*Manuscript on Deciphering Cryptographic Messages*）一书，由阿拉伯人肯迪编著。在书中，肯迪详细记录了如何使用统计数据和频率分析进行密码破译。根据沙特阿拉伯工程师易卜拉欣·阿-凯笛（Ibrahim Al-Kadi）的说法，统计学和密码学分析便如此一同诞生了。

佛罗伦萨银行家、执政官乔瓦尼·维伦（Giovanni Villani）

编订了佛罗伦萨14世纪历史《诺瓦·克洛尼卡》（*Nuova Cronica*），包括人口、法令、商贸、教育、宗教场所在内的统计数据，被誉之为历史上统计学入门的第一本书。一些学者将1663年约翰·格兰特根据死亡率统计表编订出版的《自然与政治观察》（*Natural and Political Observations*）一书定格为统计学的诞生。统计学的英语词statistics源于现代拉丁语statisticum collegium（国会）以及意大利语statista（国民或政治家）。德语Statistik，最早是由戈特弗里德·阿瑔瓦尔（Gottfried Achenwall，1749）所使用，代表对国家的资料进行分析的学问，也就是'研究国家的科学'。

统计学最初是作为政府（通常是中央政府）以及管理阶层的工具。它通过国家以及国际统计服务大量搜集国家以及本土的资料。统计背后牵涉很多数学导向的领域，如几率，或是根据经验科学（特别是天文学）中获得的经验证据设定估计参数。当今，统计已经不仅仅被使用于国家或政府事务中，更延伸到商业、自然、社会科学，以及医疗等很多领域。因为统计学拥有深厚的历史以及广泛的应用性，通常不只被认为是数学处理的对象，且与数学本身的哲学定义与意义有密切的关联。许多知名的大学拥有独立的数理统计学系。统计学在如心理学、教育学以及公共卫生学系中也被视为一门主科。"

谈起自己为之奋斗30余年的专业领域，苏查达很是兴奋："统计学是研究如何测定、收集、整理、归纳和分析反映客观现象总体数量的数据，以便给出正确认识的方法论科学，被广泛地应用在各门学科中，从自然科学、社会科学到人文科学，甚至被用于工商业及政府的情报决策上。简单地说，统计学是一门关于数据处理和分析的学科，这意味着统计学负责数据收集和分析，确保数据以适当的方法得到采集，并以适当的方法进行分析。因此，统计学涵盖了学科和生活的各个方面。所以，统计知识在各个社会服务领域都是必不可少的。”

对于自己被任命为系主任，苏查达说：“我回国一年后，朱拉隆功大学1979年法案宣布同意推荐我为统计系系主任的提案。这个法案和先前法案相比的一个改变就是系主任和院长的任命过程不再只是自上而下任命，也可以自下而上进行推荐。我是由我的部门同事提名为系主任的。如果不是出台新法案，我被任命为系主任是不太可能实现的事情。而我不但当上了系主任，而且一当就是两任，即8年，从1979年到1987年。

“在33岁的时候担任系主任对我来说是一个非凡的经历，因为系主任一般都是由资深教授担任的，而我的资历尚浅，又刚从国外回来，按资历排名只能排在中间，更资深的教职员工都是我的老师，所以这对我而言在管理上也是一个困难的局面。然而，通过我的努力工作和真诚，我很幸运地得到了各方的支持与协作，所有人的共同努力使我们系在很多方面都得到了发展和提升。”

后来，苏查达被提名为商务和会计学院的院长。

苏查达说：“1991年，我被提名为金融与会计学院的院长，从1991年到1999年连任两届。从统计系系主任过来做院长，我是开了朱拉隆功大学的先河。当上院长之后，我体会到院长的使命不同于系主任：系主任主要负责院系的学术管理，即制订管理计划，给教员分配课程，处理学生事务，提高教学质量等；院长需要负责的范畴更广，需要激励和协调所有科系的关系，并使所有科系都能取得更好的成绩。”

由于出色的专业水平和管理才能，苏查达于1999年被任命为朱拉隆功大学研究生院的院长，在朱拉隆功大学历史上这个职位第一次由女性担任。

“研究生院院长的提名走的是一个不同的程序。因为研究生院必须和所有学院和研究机构共事，因此研究生院院长的提名必须经过所有利益相关者的同意。大学理事会任命一个提名委员会，并接受所有机构的提名。然后提名委员会决定谁应该被提名到大学理事会中。我以这种方式被提名并担任了5年研究生院的院长，从1999年到2004年。”

能够担任朱拉隆功大学研究生院院长一职，不仅说明苏查达具有相当扎实的专业背景，更说明她在处理与不同院系的关系中所具有的超凡智慧。一个人要赢得所有人的认可并不是件容易的事。苏查达用她的实际行动证明了这一职务于她而言是实至名归的。苏查达明白，世上没有一件工作不辛苦，没有一处人事不复杂。即使你再排斥现在的不愉快，光阴也不会过得慢点。因此，不要随意发脾气，谁都不欠你的；要学会低调，取舍间必有得失，不用太计较；要学着踏实而务实，越简单越快乐。当一个人有了足够的内涵和物质做后盾，人生就会变得底气十足。

列夫·托尔斯泰曾说过，生活中有太多只会夸夸其谈而不务实事的人，他们赖以生存的就是一张嘴。也许它可以帮你解决一些生活问题，也许它会帮你在事业上取得一些成绩，但是它不会给你太多，而且是有限的。一个有着坚强意志和强烈事业心的青年时刻都要谨记，凡事都要抱着亲力亲为的态度去实践。

苏查达虽然是哈佛毕业的博士生，有着很好的专业素养，但是在管理方面，她是一张白纸。对她来说，只有不断地去实践，不怕出错，不怕承担责任，才能在各种历练中增长本事，提升管理的能力。

2004年，苏查达又创造了一段佳话，那就是她被任命为朱拉隆功大学校长。她成为朱拉隆功大学历史上第一位女性校长。

苏查达的校长就职典礼（2004年）

苏查达在就职典礼上发表就职演讲（2004年）

朱拉隆功大学任命校长的程序，是大学理事会任命提名委员会来寻找和推荐新校长。委员会随后将收集来自所有学院及学校董事会、学院委员会成员的信息，教师参议院也会收集所有教员的信息，并推荐3个人选给提名委员会。委员会随后将考虑各个提名，在经过适当的讨论后把提名上交给大学理事会。经批准，大学理事会的主席把结果递交到教育部，最后由国王公布校长的任命人选。

和政府大学相关，教育部是根据特定委员会如学术排名晋升委员会、学术标准委员会、大学人事管理委员会通过的管理办法来负责和管理大学的政府机构。大学通常在教学、研究、项目等方面具有自主性，其人事管理必须遵守公务员的相关规定。此外，财务管理和采购必须依据政府法规。大学理事会在学术价值和内部管理方面有权通过内部规章作出决策，但必须报告给政府部门。

担任校长后，苏查达变得无比繁忙，但她总是以百倍的热情去认真面对每一件事，无论是困难，是挑战，还是失败，她从不逃避。在处理人际关系上，苏查达有着自己的一套哲学。她说：“因为了解到世界的广大与多元，并认识到自我的局限与狭隘，所以允许自己不懂得他人，也允许他人不懂得自己；所以不试图凌驾他人的意志，也不轻易投身于他人制定的评价体系。”就这样，苏查达在她的管理理念之下，营造出一个求同存异、和而不同的世界。

2006年苏查达校长做客《校长在线》节目

《校长在线》每周一与观众见面

在《校长在线》上，苏查达（中间者）畅谈学校发展以及治校理念

苏查达认为，好的管理者一定是一个能处理好人际关系的大师，是一个能均衡各方利益并使各方共同为一个相同的目标作出贡献的推动者。当然，现实生活中糟糕的管理比比皆是，比如一言堂，独断专行；或者是扮演老好人，谁都不得罪，却什么实际的功绩也做不出来。苏查达对于管理者的理解是：管理者首先是责任的承担者，其次是行动的引领者。用中国人的话说，就是在其位，谋其政。

苏查达指出，管理者首先要过自己这一关。要能拿得起，放得下。因为人们的通病是，做任何事情总是想得太多，太在乎事情所带来的后果，太在乎别人的闲言碎语、说三道四，太在乎现在和未来的一切，而恰恰忽略了事情本身。苏查达说：“我们的大脑成天

演讲状态下的苏查达

被各种欲望塞得满满的，身体被压得气喘吁吁的，在这样的重荷下，结果是偏离了预定的轨道，离成功越来越远。人生有美好的日子，也有艰难的岁月。也许有时你会茫然失措，停滞不前，甚至想要放弃，但千万不要放弃，再坚持一下，这或许就是证明你的价值的最佳时刻。”

有的人说，要当好领导，必要练得脸皮再厚些，心眼儿再大些。能容人，才能为人所容。有些人一遇批评就有抵触情绪，有些人则认为自己做得完全正确，还有些人是怕面子过不去。其实但凡受到批评时，受批评者都应该做好以下两件事：一是尽力去做好你应该做的事，二是去和批评你的人交谈，听取意见，也许你会知道自己错在哪儿。有时候，批评你的人才是你生命中的贵人。

苏查达总是说，没有人是天生的领导者，好的领导者一定是经历过很多挫败、很多质疑锤炼而成的。“经历充满难题的生活，也许有一天，不知不觉，你将渐渐活出写满答案的人生。”

从一个普通的教师，到担任学校的最高管理者，苏查达不仅在为人处世上增长了智慧，也学会了管理的艺术。她说：“我是一个很会做减法的人，很能放下一些东西。比如放下争论对错；放下对周围人、事物和环境的控制欲；放下责备；放下自怨自艾的心态；放下对自己有限的认知；放下抱怨的心态；放下妄自批评；放下虚荣心；放下惰性；放下武断之心；放下对未知的恐惧；放下各种借口；放下过去；放下执着；放下对别人的看法，过自己的生活。”

由于身处高位，难免会受到反对派的阻碍和打击，但是苏查达总是以乐观和坚强的心态去面对。

有一次，有人因为改革意见不同，对她说：“要不是看你是个女人，我就给你一拳头！”即使面对这样的威胁，苏查达始终以坚毅之心坚守改革信念，引领朱拉隆功大学向前发展。

苏查达相信，道理上讲得通的东西感情上未必讲得通，你所思考的与内心想要的也许并不一样。有时候人们明知是正确的，但是心里却在抗拒，有时明知是错误的，却拼命想把其正当化。众口难调，即使你做得再到位，也总会听到反对的意见。有时候，有的人就喜欢站出来唱反调。如果这时候，身为管理者的她为了回避纠纷，将不同的意见互相磨合，互相妥协，把不满敲成小碎片，让这些不满嵌在平平淡淡的每一天中，唯唯诺诺地过日子，那么她的日子也一定会无风无浪，但也就注定了是庸庸碌碌的。

了解苏查达的人都知道，她的作风一贯是柔中带刚，以柔克刚。面对持不同意见的人，有时苏查达会据理力争，因为她相信道理越辩越明；有时，她又会采取怀柔策略，注重倾听对方话语内在的东西，然后找到一个合适的切入点去劝说和打动对方。苏查达说，越是当你滔滔不绝的时候，你的愚蠢就越会暴露无遗；越是当你洗耳恭听的时候，你的智慧就越会快乐成长。

人生在世，注定要受许多委屈。而一个人越是成功，他所遭受的委屈也越多。要使自己的生命获得价值和炫彩，就不能太在乎委屈，不能让它们揪紧你的心灵、扰乱你的生活。要学会一笑置之，要学会超然待之，要学会转化势能。智者懂得隐忍，原谅周围的那些人，在宽容中壮大自己。

苏查达非常认同林肯说过的一段话：“一个成大事的人，不能处处计较别人。消耗自己的时间去和人家争论，不但有损自己的性情，且会失去自己的自制力。在尽可能的情况下，不妨对人谦让一点。与其跟狗一路走，不如让狗先走一步。如果给狗咬一口，你即使把狗打死，也不能治好你的伤口。”

戴尔·卡耐基把这个道理说得更加通俗直白：“如果你被人恶意攻击，请记住，他们之所以这样做，是为了获得一种自以为重要的感觉，而这通常意味着你已经有所成就，并值得别人注意。许多人，在骂那些各方面比他们优秀得多的人的时候，都会获得某种满足感。请将别人不公正的批评当成是对你的另一种认可，没有人会喜欢去踢一条死狗。”

在苏查达担任校长以前，朱拉隆功大学曾经的20位校长都是男性，其中，就有苏查达的丈夫田柴教授，他的任职时间为1996年到2000年。

作为该校唯一的女校长，谈到上任的过程有何困难或挑战，苏查达说：“自从1978年重新开始在朱拉隆功大学任教，我便逐步承

2004年苏查达担任校长的行政工作团队

苏查达在校长任期（2004–2008年）内的工作团队合影

担起教授和行政岗位的双重职责。1979年到1987年，我担任统计系系主任一职；1991年到1999年担任金融与会计学院院长；1999年到2004年担任研究生院院长。我还在1988年至1989年被选为教授代表协会主席，1989年至1991年是大学委员会的教师代表。在这些年中，我一直是全职授课。因此，可以说我了解这个大学的里里外外、方方面面。大学里的师生都很熟悉我，理解我的职业愿景，也见证了我的工作方式以及我成为大学校长以后是如何去实现治校抱负的。

“然而，对一个女性而言，被提名并担任朱拉隆功大学校长一职并不是那么容易的。我很庆幸自己一直都在相关管理岗位上进行磨炼，而且在这些岗位上都以高效率和有令人满意的效果而受到认可。因此，我得到了很多人的信任和尊重。然而尽管如此，这其中还是难以避免地存在着很多挑战，要经受很多艰难的考验。事实上，困境无处不在，但幸运的是，一旦这些困境被解决，它们会为我的名誉增色。我相信这些困境和挑战都是证明我的性格的有力证据，是对我的勇气和决断力的积极馈赠。

“担任校长以后，我在工作中更讲究方式与方法了，因为工作强度与重要程度都比当系主任和院长的时候要大多了。比如，我坚持‘忙而不急’的原则。据有关研究表明，匆忙会将你置于通往痛苦的快车道。最理想的状态是以一种舒适的节奏过着充实的生活。我经常扩展自己的舒适地带，但不会达到让自己感到不负重荷的地步。”

人生是一种承受，苏查达学会了如何支撑自己。在与不同的人以及不同的意见共处的过程中，58岁就任校长的苏查达更加明白，自己的心态决定了自己的处境。她说：“把周围的人看作魔鬼，你便生活在地狱；把周围的人看作天使，你便生活在天堂。担任校长之后，尤其对我的性格是一种磨炼。很多道理如果随口讲讲是很容易的，一旦遇到困境和艰难挑战，能将那些道理运用于行动中，才是真的领悟和做到了。”

苏查达说："每一个在你的生命里出现的人，都有原因。喜欢你的人给了你温暖和勇气。你喜欢的人让你学会了爱和自持。你不喜欢的人教会你宽容与尊重。不喜欢你的人，让你自省与成长。没有人是无缘无故出现在你的生命里的，每一个人的出现都有原因，都值得感激。我认为那些给我的管理制造障碍的人，那些对学校的决策不予支持的人，让我看到了事物和人性更多的层面。另外，无论他们是不是因为我的性别而找麻烦，对我来说，性别绝对不是问题，更不是障碍。每一位领导都需要做出成绩。当我接任朱拉隆功大学校长之时，我的使命是确保朱拉隆功大学在21世纪继续保有竞争力。"

苏查达是个快人快语的领导者，但她更懂得领导的艺术

苏查达就任校长时，泰国的高等教育已经走向了全球化。冲出了国界的限制，也为高校的领导层带来了巨大的挑战。这些挑战既有来自国内的，也有来自国外的。例如，泰国拨付给大学的国家基金将依据大学的综合绩效发放，这就为如何管理和分配大学资源带来了巨大的压力。另外，由于包括教育在内的服务业的全球自由贸易不断增长，以及信息和传媒技术的快速发展与普及，国外大学带来的竞争压力正在对泰国的大学产生影响。

与此同时，外国大学开始在泰国设立海外分校，向当地学生开设学位课程，苏查达认为这既是挑战，也是机遇："学生或消费者将面临更多的选择，因为一些世界顶级大学，如哈佛大学、芝加哥大学，未来将有望在泰国设立分支机构。我还听说麻省理工学院的校长希望将来能将学校规模扩展至此。现在的问题是泰国的大学是否有足够的竞争力。我认为，朱拉隆功大学在竞争力上是有潜力的，尽管我们在资金方面比不上那些世界级的大学。规模较小的泰国本土大学或将经历一段艰苦的发展时期。"

苏查达说："我们（朱拉隆功大学）应该变得更加有效率和有责任心。所有的教职员工都应该努力应对挑战。"

作为大学校长，她管理着3000余名教师、5000名职工，以及30000名学生。朱拉隆功大学的年支出预算在50亿到60亿泰铢之间，其中，有27亿来自政府拨款。

在泼水节这天，苏查达和其他校领导一起为高级教员祈福

苏查达认为自己担任校长期间，最让她有成就感的首先是有效利用学校的资产改善了学校的经济状况。“我们的成就得到了政府的好评和认可，政府甚至以此为经典案例来鼓励泰国高校进行大胆的商业运作和发展；其次是大力鼓励教师提升科研能力，提高师资水平；设立了奖学金制度，鼓励学生更加努力地学习，强调优质教育的重要性，教导学生要有社会责任感和公民意识；对学校的计算机科技创新给予极大的支持，因为科技是生产力，也是发展的关键所在；最后，改革了学校的人事制度，使之更能适应学校的发展。”

1999年，泰国政府颁布了一项改革法案，高校教师的铁饭碗制随之被终结。该法案规定泰国高校实行合同制，相应的政府拨款以及教职工的医疗待遇都大不如前。

苏查达说："当时学校里人心惶惶，很多院长、系主任等中层领导都表达了他们的忧虑。但我只能告诉他们，抱怨是没有用的，我们势必要面对现实去寻求解决问题的策略与方法。抱怨就好比口臭，当它从别人的嘴里吐露时，我们就会注意到；但从自己的口中发出时，我们却能充耳不闻。改变自己说的话，不要再抱怨。改变你的言语，改变你的思维，你就能改变自己的人生。于是，在我的主导下，我们对人事制度进行了改革，具体到合同怎么签署，待遇怎么保障，责权利的范畴如何划定等等。

"在改革过程中，我们尽最大能力去保障教职工以及他们家人的利益。其实，改革最大的问题是给老师增加了较大的科研压力。按照规定，如果在10年之内，不能得到副教授职称的老师就不能再待在学校里。留下来的唯一理由就是他们有足够的学术成果。所以朱拉隆功大学也尽量为教师提供更好的科研条件、更充足的科研经费，使他们能够不断进步。这项改革也促使朱拉隆功大学的教师们更注重提升自身的科研实力，将精力集中在科研与教学上。改革之前，有些教师并不能专注于教学，在社会上还有很多兼职，但是进行改革之后，这样的现象越来越少了，因为人的精力是有限的。

"当然，任何改革势必要触动一些人的利益，有些人想不通，不想改革，所以制造一些不好的舆论和事端。我们都有这样的感受，在生活中充满着各种各样的局。自作聪明的喜欢设局，把别人拉到自己的局中，制定规则，自认为高人一步。有些人被迫陷入各种局，他们小心翼翼、步步为营，希望能独善其身。殊不知，再聪明的人也只是把自己放入更大的局中，成为别人的棋子。对于这类人，我们是要坚决把他清退出去的。

“大多数教师是比较支持这项改革的，因为只有自身科研实力增强了，学校才会更有名望，相应的科研项目和资本才会更青睐于我们。”

谈到2004年至2008年这四年任期内自己对朱拉隆功大学的贡献，苏查达总结了五个方面。

第一个贡献，是使朱拉隆功大学最终实现了自治，成为自治大学。

苏查达指出，“自治大学”的理念最早出现在20世纪60年代，旨在推动大学系统改变，直到建立自治大学模式。然而，鉴于多方面的原因，这种理念并没有得到政府的充分认可。其中一个主要原因是政府担心会失去对大学的正常的权威管辖。

在20世纪90年代晚期的经济危机期间，国际货币基金组织（IMF）重提了大学自治理念，使泰国政府得以从一个宽容的角度来重新审视此事。

朱拉隆功大学在1998年左右开始正式准备向自治大学转变，但是并没有成功通过立法程序。“在我担任校长期间，机会之窗再次打开。改革要得到同事和校内工作人员的理解并非易事。当时校内有一些反对的声音，因此我们不得不召开听证会和研讨会进行

苏查达就高等教育的话题接受电视台的采访

解释和调整。对外，我们不得不去清除一些针对自治大学的错误言论。那些言论的出现只能说明很多人还不了解自治大学是如何运作的，因此需要我们多做一些解释性的工作。这些反对的声音中并没有恶意，只要我们把解释工作做到位了，自然会得到更多的支持。”

“当时我很幸运，兼任着国家立法议会的议员。我们被指控说，大学自治背后的真正缘由是为大学高管们谋取权力和高薪。我不得不在国家立法议会上声明，大学自治这一举措是有益于高等教育和大学发展的，而不是为了个人利益。为了显示出我的真诚，我在议会上宣布，我不会接受下一任校长的提名。在如此的博弈之下，立法机关终于通过了2008年朱拉隆功大学法案，并在2008年2月6日官方确立朱拉隆功大学为自治大学。这距离我结束校长生涯还有7周的时间。”

“大学自治意味着大学拥有更广泛的自我治理权限。通常，公共或政府大学必须遵守来自政府的所有规章和法规。在泰国，公立大学有着和其他政府机构相同的人事制度。教师与其他公务员的工资标准相同，而这一标准远远低于私人部门，这使得大学很难招募和留住好的人才。还有一些其他的规定已然成为大学管理与发展的障碍，如采购条例等。“朱拉隆功大学向自治大学前进的努力自开始算起已经超过30年，终于在2008年得以成功，这不是我一个人的功劳，它凝聚着几任校领导的心血。”

2013年泰国约有80个政府大学、30个社区学院以及50个私立高校。在80个政府大学中，大约有10个是自治大学，但仍属于政府，由政府提供一定水平的预算支持。所有大学都处在高等教育委员会办公室的监督之下，但是监督等级不一，对自治大学的约束要少一些。私立高校也处在委员会办公室的监督之下。

苏查达介绍说："在国家层面，自治大学的理念是在20世纪60年代年首次引入的。直到1990年，第一个自治大学——苏兰拉里理工大学（Suranaree University of Technology）成立。之后是1992年成立的瓦来卢克大学（Valailuk University）和1998年成立的皇太后大学（Mae Fah Luang University）。这三个大学都是新成立的，从一开始就设置为自治大学。

"第一个改变了从政府到自治大学状态的是1998年的蒙国王吞武里科技大学（King Mongkut's University of Technology Thonburi）。从2007年到2008年，在泰国的国民立法议会通过自治大学新法案，完成了7个政府大学的转化，朱拉隆功大学也位列其中。在改变为自治大学的政府大学之中，朱拉隆功大学排名第六。

"对朱拉隆功大学来说，尽管从20世纪60年代起，自治的概念在大学中得以广泛讨论，但是转换为自治大学其实是一个漫长而艰难的过程。朱拉隆功大学法案的版本由大学委员会和教职员工编写并提交评审。由于很难理解自治的本质，教职员以及管理者对它持怀疑态度，在法案的编写上出现了很多分歧并历经很多次修正。他们最关注的事情是自身利益是否会随着法案的颁布而发生变动。

"我个人认为，因为朱拉隆功大学由国王成立，想要把它转变成自治大学的想法必须谨慎进行，仔细着手。无论如何，新的大学法案将一直处于不断的审视和再修订中。直到2007年，许多自治大学法案都纳入国家立法议会的考虑，朱拉隆功大学也是如此，这对朱拉隆功大学来说仍然是很不易的事情。照计划进行、按部就班，并不困难，困难的是，计划被硬生生打乱时，能够不忧不恼、顺应自然。人生不是事先安排好的剧本，而是学习在随顺因缘中保持乐观。

“作为国民立法议会的一员，我尽自己所能地向议会解释自治的必要性，但是，即使我们解释了很多次，还是无法全部去除人们对‘自治’的各种迷思。

“比如存在这样一种观点，认为自治就意味着自由设定高管工资或获取个人利益。我不得不声明新法案行动纯粹是为了大学的利益，而不是为了满足高管的私欲。为了表明诚意，我宣布将不再成为校长提名的候选人。为了让这项法案通过，我个人做出了牺牲，当然要让这项法案通过，是一个非常艰巨的任务，还需要天时地利人和。回想起来，我觉得通过法案本身也许比如何更好地执行它更为艰难。”

朱拉隆功大学的发展经历了大学属性的几次变化——朱拉隆功大学的前身是“皇室侍从学校”，后来发展为“行政学院”，只培养国家管理人员。19世纪以前，泰国传授知识的地方是佛教寺庙。早期泰国高等教育模仿欧洲，师资全部为留欧学生。二战结束后，本国仍无力培养高等教育师资，继续借鸡生蛋。特别是冷战时期，与美国进入“蜜月期”，高等教育亦随之引入美国模式。在校师资中以留美博士为主。[①]

20世纪60年代以来，泰国政府把发展教育视为振兴民族、繁荣经济的根本大计，不断增加教育投资，切实把教育纳入国家经济和社会发展计划。泰国政府办教育遵循两条原则，一是教育促进经济发展，二是教育公平。

每个泰国公立大学都有各自的宪章，都以大学委员会作为最高管理机构。但泰国大学内部管理实行委员会制，它与西方大学的董事会和理事会的性质不同，它实质上是一种行政管理机构。泰国大学管理模式是以大学委员会（University Council）为管理主体，通常由30人组成，负责政府授权范围内的主要决策。在公立大学中，校长是主要的行政官员，由政府部门任命。校长负责管理所有的行政和学术机构。校长办公室下设学术、计划与发展、教育、学生事务等四个办事机构。与校长平行的有教师评议会和院长委员会两个咨询机构。

泰国教育部一位前部长曾说过，在泰国建立第一所大学的首要目的是为政府培养各部门的公务人员，当时大学的建立就是要满足作为国家治理的人力资源的需要，坚决维护国家的主权。这种意识深入到泰国大学教师的思想之中。当初，苏查达坚持学成回国，也是出于报效国家的考虑。苏查达认为自己学成不是为了个人科研的继续提升，而是为了更好地服务于政府和社会发展。

① 赵守辉：《泰国发展高等教育的经验》，《外国教育资料》2000年第5期。

泰国的公立大学通常被认为是政府机构的延伸。大学中所有的教学和非教学人员都被视为“政府官员”而非“公共服务人员”，被认为是为“政府”而不是为“公众”工作。大学和教师需要服从的只是政府的规章和公务员的规则。其中深层原因在于君主政体与人民的特殊关系。对此有学者指出，泰国大学发展过程相当缓慢，并且主要受君主政体的控制。尽管大学事务部从20世纪60年代开始就鼓励大学在更大的程度上实现自治，但是要想让公立大学在改革问题上达成一致却是非常困难的。因为公立大学80%的预算来自中央政府，独立意味着大学获得的政府拨款将减少，它们不得不提高学费、与私人部门合作开展研究来筹集经费；学术和行政人员也不再是享有一些额外利益和有工作保障的公务员，他们必须去申请终身教职或签订工作合同。大学教师们希望保持既有的这些特权和工作的安全，也不想脱离政府的控制。因此，虽然大学对工资微薄、科研资金不足、缺乏自治等怨声载道，但是还没有一所公立大学有足够大的力量努力脱离这套行政官僚体制。[①]

泰国过去的高等教育管理体制高度集中、僵化，高等教育被“条块分割”，分属教育部、大学部等10个部委。从专业设置、学术及行政人员任免、工资级别评定、职称评审到招生数量、录取标准、学费等等，都在大学部严格的直接控制之下。在这种僵化的高等教育管理体制下，各高校基本上没有什么自主权，一切行动依靠大学部的指令，抑制了大学参与国际化的积极性。鉴于此，泰国在20世纪90

① 阚阅、周岩：《泰国高等教育现代化研究》，《江苏高教》2006年第5期。

年代初开始了大学自治的实验，财政管理、招生、人事任免都由大学自行决定。1999年7月，国会通过的教育法，以法律形式保障学校作为独立的法人地位，并按市场机制进行运作。大学部今后的功能主要是拨款及通过监督委员会进行质量监督和协调，而其他权力都交给大学自己。高等教育由“国家、政府主导型”逐步转变为“政府、院校协作型”和“院校主导型”，充分发挥了高校的主动性。

苏查达回忆起朱拉隆功大学实现自治的历程时说：“朱拉隆功大学自治从2008年开始，但是为自治所付出的努力可以回溯到30年以前。自治之前，朱拉隆功大学由政府管理，自然也等同于政府的附属机构。也就是说，我们的经费来自政府。但这样就出现了一个问题，学校的办学质量无法提高，最大的问题就是教职工的待遇普遍不高。一个大学的发展需要引进高水平的教授，形成学校合理的师资梯队，以便更好地开展各层次的科研教学工作。”

20世纪70年代，泰国因为新旧宪政体制的问题出现了以大学生为主力的抗议局势，同时，美国的大学生也成为反对越南战争的主力军。因此泰国政府对大学自治并不持支持的态度，他们认为，如果大学太自由，势必导致失控的状态。80年代之后，泰国的大学生不再执迷于政治改革，他们变得更加务实和现实。

由于受经济危机的影响，20世纪90年代，朱拉隆功大学的自治问题也被搁浅。直到2000年，这个议题再次被提出来。目前泰国已有14所自治大学。

尽管是自治大学，大学仍然需要政府的支持，当然政府的拨款主要用于教职工的工资发放。但是大学的科研投入以及设施完善等经费则需要学校自行筹集。实际上截至目前，在朱拉隆功大学的年度预算当中，政府拨款仍占了35%，学费占15%–25%，其他预算经费需要自筹。

苏查达尤其关心学校经费的长期可持续发展问题，她说："我想再强调一下，一所大学若要有好的发展，光有政府的拨款是不够的。自拉玛六世国王把土地赐给朱拉隆功大学以后，我们需要科学地使用这些土地。大部分用于学校的发展；一部分会给政府相关机构使用，而30%最有用的土地则用于商业开发，用以解决自治之后的经费自筹问题。但是用土地创收不是长远之计，事物总是在不断发展变化的，现在朱拉隆功大学占有地处繁华商业区的优势，可说是朱拉隆功大学发展的黄金期，如果有朝一日曼谷不再是受世人关注的泰国首都呢？我们需要一定的发展资金来保证学校的长远发展，现在的土地寻租运营模式，实际上我们并没有留存太多的发展资金。所以我不断告诉同事们，不能只专注于眼前，而应该考虑20年、30年，甚至40年以后学校的发展。一旦失去了土地资源，我们怎么办？这是个大问题。尤其是当前教职工的薪酬成本仍在不断增加。"

苏查达推动学校发展的第二个贡献，是践行了资产管理的新方法。

苏查达介绍说："在朱拉隆功大学成立近100年之际，拉玛六世陛下曾授予大学一些土地。大学的现址是在曼谷的中心，因此资

2012年3月26日，苏查达与诗琳通公主在朱拉隆功大学建校日参加纪念活动

产管理变得越来越重要。鉴于政府预算和学杂费对大学整体运行来说是不够的，要想打造一个卓越的大学尤其显得捉襟见肘，因此朱拉隆功大学允许私人企业在我们的部分土地上发展，然后从项目中收取租金。对于公共组织允许私人企业在其土地上发展项目，是有明文规定的。在我担任校长时，朱拉隆功大学并没有从我们的资产中获得什么，然而大学的学术进步需要更多的经济支持。从那时起，我决定对资产管理采取新方法。首先，对现有的资产，我们聘请顶级资产管理机构做调研，并搜集和整理各个领域的市场租金情况。我们以公平的原则为基础，价格是由经专业人士设定的，但要顾及我们是大学，而不是追求利润最大化的私人部门。定价系统应该是合理的，折扣系统则是为当前的租户设定的。通过这种新型的、更合理的系统定价和管理，我们从实行资产管理的第一年就取

得了比较丰厚的收益。”

毫无疑问，任何改变无不伴随着反对之声与抗议行动。在许多的犹豫中，你做对了一件事情，那就是勇敢地上路，不要徘徊在许多假设的框框里。在人生的大关卡，你做了一个正确的选择，那就是：尝试，再尝试，不害怕所有的新鲜事。

苏查达接着说：“这个过程也伴随着汗水和泪水。租户们通过各种方式希望保持旧的价格。他们带我们去法院、众议院和参议院，并且总是提出不合理的寻租方案。这个时期是充满苦难的，而只有‘我是在为我的大学做正确的事’这一坚定的信念，鼓励和支撑着我继续推进这项工作。我认为那些不配合的租户想要拖垮我，而我的女校长身份也是他们不服从、不配合的一个原因。他们不相信我可以忍受折磨。但我用事实证明他们完全错了，我要做的事情不仅不会打折扣，而且会更好地去完成。即使我个人受到再多的威胁和委屈，都在所不惜。我总是在心里这样自我安慰：世上只有一件事比被人议论更糟糕，那就是没有人议论你。这样，我对所有的不理解式的攻击言论便不再在乎了。最后，我得到了大多数人的理解和支持，我们资产管理的新方法被证实是合理的、可采纳的。

“此外，这种方法也被用来在必要时重新审核、检验之前的合同。我们管理了安博凯项目的第二个阶段，并与期限为20年的一个项目成功签约，价值25亿泰铢。一些其他的项目管理也在顺利进展中。”

在经济管理方面，苏查达有自己的一套经验：“在资产管理中一个最重要的新方法就是投资我们的土地项目开发，而不是把开发项目交由私人企业。这一原则最集中的体现就是章楚里（Chamchuri）广场项目采用的新的管理方式。

“1992年这个项目以传统方式管理财产，随着1997年开发公司破产，这个项目便陷入了僵局。在长达8年的时间里，被废弃掉的建筑仍然站在那里，就在我的金融与会计学院的办公室旁边。

“在校长任职期间，我想重振这个项目，但是要找到另一个能够给予学校更大效益的开发者还是比较困难的。我决定采取自我投资的方式来推进这个项目。经过仔细的商议并对建筑结构进行相应的调整，我向大学委员会申请了27亿泰铢来投资这个项目。显然，这样做震撼了委员会和整个朱拉社区。他们不知道我们下一步如何做。更担心我们一旦做不成功，将会损失很多钱。我对他们说：‘你会因为每天打开报纸看到车祸的信息而不敢出门乘车了吗？答案当然是不会。因为我们不会因噎废食。同样，你相信一个人可以随随便便成功吗？答案也是不会。因为若想成功，必须汲取成功者的经验和教训，然后制定出合理且可行的方案，审慎进行，这样才会成功啊。另外，你听说过篮球教练不上篮球场，闭着眼睛可以指导好一场篮球比赛吗？答案同样是不可以。因为只有亲身观察和考察，才会知道如何扬长避短。’

“我们虽然没有经验，但我坚持认为这个项目非常好且不需要转手给其他开发者。所以我们坚持了，我们做到了。事实证明，章楚里广场是一个非常成功的项目，是大学建设的一个里程碑，也是下届管理者可以借鉴的投资范本。”

在苏查达的个性中，有着很强硬的一面，这一面与她勇于承担责任是息息相关的。她能为自己的行动后果负责任，她按照责任行事，即便环境对她十分不利，她也会毫不犹豫地说："这就是我的立场，我只能如此。"

苏查达不认为自己的商业头脑遗传自父亲。她说："其实父亲并不觉得我适合从商，只是我一直从事大学行政管理工作，所以我觉得自己需要这方面的技能。如果说天赋的话，我觉得我是个能在适当的时候，作出正确且适当决定的人。我知道我们应该往哪儿走。当时很多人觉得学校自筹经费去完成烂尾楼、招商引资是很有风险的一件事，但是我认为值得去做。当我还在统计学系做系主任的时候，学院的大楼就在烂尾楼对面。在那段时间里，我坐在办公室里眺望窗外，总为那未完工的烂尾楼感到遗憾。当时有不少校外人士说：'你看朱拉隆功大学还教学生经济课程呢，他们本身还有建筑系、工程系，却不能解决自己校内的烂尾楼问题。'于是我想，我们必须做点什么！我不断问自己，如何处理这个烂尾楼才好？于是我找了很多工程师来看。他们说这栋烂尾楼已经先期投入了数亿泰铢，如果这个时候再找别人去完成这个工程，就不值当了。根据评估，如果朱拉隆功大学自行继续完成施工，只需要6年就能收回成本。因此我们组建了一支专业的团队来承担这个庞大的工程。我们做得非常专业，做了详尽的市场调查和风险预测。毕竟，我也不想冒什么风险。

"当这个主意上了校董会之后，自然遇到了不小的阻力。首先，我需要说服我的团队。我告诉他们，首先你们要相信这是值得去做的。至于资金，我会从校董会那儿获得。当然我不得不动用一部分学校的经费。但是我最终都偿还了。”

这个世界就是这样，没人会在意你如何努力，你的苦和累也没有任何炫耀的价值，别人在意的只是你最终取得的成果。成功了，不说也会有人称赞你；失败了，说了也只不过是乞求别人的同情。

经历了此事，苏查达更加明白一个道理——发表意见的自由是一切自由中最神圣的，因为它是一切的基础。不要害怕拒绝他人，如果自己的理由是正当的。当一个人开口提出要求的时候，他的心里基本预备好了两种答案。所以，给他其中的任何一个答案，都是意料之中的。

对烂尾楼项目的成功处理，既是朱拉隆功大学发展史上值得记录的经验，也是苏查达治校四年中最引以为豪的成就之一。

苏查达推动学校发展的第三个贡献，是完成了学校人事制度及管理的改革。

苏查达介绍说：“朱拉隆功大学中工作人员的类型繁多，大学的人事系统非常复杂。其中包括1999年以前任职的公务员，1999年以后入职的大学员工以及特殊就业群体。公务员享受政府工资标准和福利，而大学员工有更高的工资标准，但福利较少。因为公务员人数在减少，而大学员工的数量在上升，因而大学员工这个群体应该受到特别的关注。我们必须重视这其中的复杂性，并且认真考虑各个类型员工的不同需求，对表现更好的教职员工给予晋升，健全分配激励机制，从而为教职工打造一个良好的职业生涯路径，提高他们的工作效率。

苏查达（右三）接见东盟秘书长（右四）

在朱拉隆功与东盟合作的仪式上发表讲话

与校友一起筹集奖学金的资金

为奖学金捐款的校友颁发证书

在朱拉隆功校友基金筹款活动上

发动校友力量为学生筹措奖学金

“人事制度的完善在所有高校中都是一样的，都举步维艰，因为这个过程会和每个人的利益密切相关。但我始终把握一个原则，那就是不管个别人出于他自己的利益而如何抵触，我都坚持改革的决心不动摇。我们制定出改革的总体思路和重点，提出了指导性的意见。

“在力争说服这些人的过程中，我们想了很多方法。当然，如果改革像秋风一样刮起来，任何人都会被裹挟在风中，个人是很难对抗制度的。这样做虽然效率很高，但是员工们可能在情感上、情绪上会有诸多不满，贯彻实施起来也不会太顺畅。为了避免这种状况，我们可谓以情动人、以理服人，对那些不想改革的人尽到了应尽的义务，做到了十分的耐心。

“人性有时很奇怪，世界上每个人都会要求别人是好人，是圣人，但对自己的行为，就会有许多理由去原谅自己，为自己辩解。人人手里都有一把标尺、一杆秤，到处衡量别人，是不是够得上圣贤的尺码和分量，但对于自己，就很少称量了。

“在我们的大学中，有的人可能有很高的天赋、才气，但他可能并不想做一个学者，也无心在教学上有多么大的影响力，对于这些人来说，教职只是他们的职业，而不是事业。因此，这类人是不想进行人事制度改革的。因为他们无志于做一个有名望的学者，更无志于做一个出色的教师。对于这些人，我们就鼓励他们去寻找更适合的职业。我常说的一句话是：‘别人撒盐伤不了你，除非你身上有溃烂之处。’

以敲响金锣的方式宣布2007年学术展览节开幕

与学生们一起庆祝传统足球日（2010年）

“对于我们设定的教学基础工作量，是参照、比较国外知名大学相应的条款和数据后，结合我校的实际情况制定出来的，对于大多数教职员工来说，是具有可实现性的。而且，贯彻这一人事制度改革，也有利于优秀的人才脱颖而出，担当大任。

“另外，我们完善人事制度的管理，也是为了更好地吸纳世界性的学者和人才来朱拉隆功大学任教。每年我们都有一定的教授名额是面向全球招聘的，就是希望能够有更多的优质师资留在我们朱拉隆功大学。

“在推进这项改革的过程中，总体来看还是比较顺利的，虽然也经历了几个小波折。我的原则是，无论别人怎么看，我都绝不打乱自己的节奏。也因为我的决心，所以改革最终顺利推进。我们为教职员工建立了一个更清晰的职业路径系统，通过定义最小的工作

在2007年返校日的庆典上（中间为苏查达）

量，描画出从讲师到助理教授、副教授和教授的职业路径。”

任何改革，无论大小，都需要付出代价。涉及人事和资源的改革，更会招致很多意料之中以及意料之外的冲击。苏查达也遇到了这样的情况，她的解决之道是：千万不要把自己的软弱展现给别人看，千万不要把自己的狼狈述说给别人听，因为根本没有人会觉得你很可怜，只会觉得你很无能。什么事情都要学会自己一个人承担，什么事情都要学会自己一个人坚强，因为没有人会帮你。在这个世界上，不要太依赖别人，因为即使是你的影子也会在黑暗中离开你。

苏查达推动学校发展的第四个贡献，是在高校管理中实现企业资源管理。

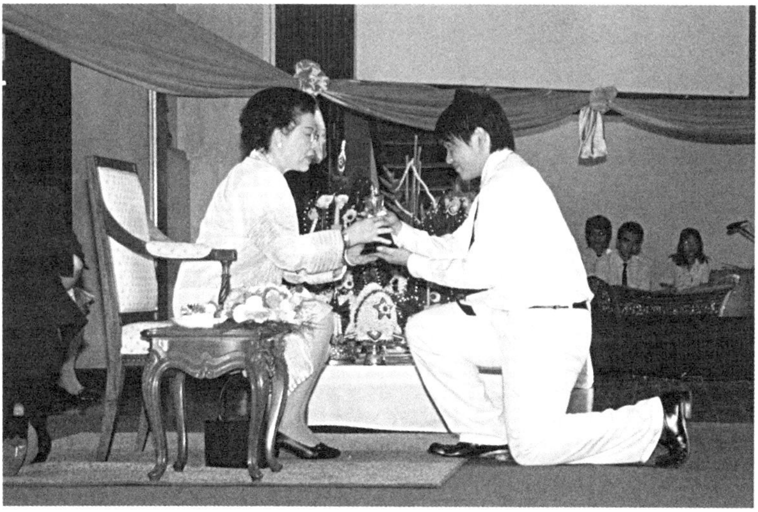

为优秀学生颁发校长奖杯（2007年）

苏查达指出："朱拉隆功大学是一个拥有超过38所院系和研究机构的大型高校。管理制度属于中央大学级别和教员/大学/学院的水平。要实现高效和有效的管理，我们决定实施ERP（或叫企业资源管理），特别是在人力资源、财务、物资、规划、预算和控制方面。"

ERP是Enterprise Resource Planning（企业资源管理）的简称，是上个世纪90年代美国一家IT公司根据当时计算机信息、IT技术发展及企业对供应链管理的需求，预测在今后信息时代企业管理信息系统的发展趋势和即将发生的变革，从而提出了这个概念。ERP是针对物资资源管理（物流）、人力资源管理（人流）、财务资源管理（财流）、信息资源管理（信息流）集成一体化的企业管理软件。它包含客户/服务架构，使用图形用户接口，应用开放系统制作等，除了已有的标准功能，它还包括其他特性，如品质、过程运作管理以及调整报告等。

ERP系统是一个在全公司范围内应用的、高度集成的系统。数据在各业务系统之间高度共享，所有源数据只需在系统中输入一次，保证了数据的一致性。以往的ERP系统基本上都是以生产制造及销售过程(供应链)为中心的，因此，长期以来一直把与制造资源有关的资源作为企业的核心资源来进行管理。企业内部的人力资源，开始越来越受到企业的关注，被视为企业的资源之本。在这种情况下，人力资源管理，作为一个独立的模块，被加入到ERP系统中，和ERP中的财务、生产系统组成一个高效的、具有高度集成性

苏查达（右二）参加农村植树项目

的企业资源系统。

ERP这个系统可以同时实现财务管理、税务管理、人力资源规划辅助决策、招聘管理、工资核算、工时管理、差旅核算等，具有集成性、先进性、统一性、完整性和开放性等特点。

“在高校管理中应用ERP系统，对于朱拉隆功大学来说算是一个飞跃。它使得高校的管理更加规范化、系统化、科学化。我是学统计学出身的，因此对数据很敏感，也希望能够利用数据优化工作环境与工作流程。我花费了很多时间和努力，推进ERP系统在朱拉隆功大学的应用，终于在18个月内使这个系统得以启动。”

苏查达推动学校发展的第五个贡献，是确立了以学生为中心的教学法。

凡是真正的教育家，都会热爱自己的学生，会对他们寄予厚望。苏查达认为，大学的主要目的是教育学生成为对自己的专业领域有深入了解，并能够创造新知识服务于国家发展的合格公民。为达到这一目的，教师必须集中精力发展和培养学生们的优秀品质。因此，在向教职员工分配最低工作量的时候，一个很重要的指标就是教师要保证一定课时以完成对学生的指导，促进学生各方面的发展。虽然这不能得到一些教员的理解和支持，但它启动了大学对学生的一个新的培养方向。此外，随着信息通信技术（ICT）的发展，教学方法需要重新考虑。苏查达把新技术融入了课程和教学方法的设计中，从而提高了学生的学习能力和学习兴趣。

苏查达坚信，要使朱拉隆功大学成为世界一流大学，首先要提升学校的学术能力。朱拉隆功大学把科研视为保持大学知名度的重要方面。在学术科研领域，朱拉隆功大学不仅在泰国甚至在亚洲都占有一定优势。大学学术科研最大的特点是切合国情，讲求实效。例如，针对亚洲在20世纪中期出现的一系列巨大变化，朱拉隆功大学因地制宜地成立了“亚洲研究所”。该所与泰国国内许多研究机构携手合作，进行多方位的亚洲问题研究，成功地促进了泰国与亚洲其他国家和地区之间在政治、经济、科技、教育、艺术等方

苏查达（左三）参加新生开学典礼（2005年）

面的交流。又如，朱拉隆功大学结合本国社会和民族的现状，积极开展社会问题研究。1970年建立全国第一家人口理论研究所，为政府对国计民生的决策提供了不少有益的建议和咨询服务。在自然科学研究方面，朱拉隆功大学也跟随时代的步伐，有了令人瞩目的发展，先后组建了计算机教学研究中心、生物遗传工程中心、环境保护研究中心和船舶海运开发中心，承担了许多国家科研项目，凡此种种，使朱拉隆功大学成为泰国学术科研水平最高的学府。

苏查达说："全世界评判优质大学的标准都是一致的，那就是科研能力。这是衡量一所大学强弱的最直观的标准；其次是毕业生，毕业生质量的好坏直接影响一所大学的声誉。他们是否学识渊博，是否充满正义感，是否有道德和良知，这些都是大学教育的职责所在。如果毕业生不诚实，没有社会责任感，自私自利，这也需要

苏查达在2006年的教师节上发表讲话

大学去承担其恶果。师资强，才能保证学生强。因而学校整体科研实力的提升，是应该与以学生为中心的教学法的贯彻相互结合的。

“我始终告诫学生，他们在大学的任务不只是学习文化知识，还应该培养社会责任感、公德意识。他们需要明白他们只是社会的组成部分，他们要为社会发展作出贡献。我经常说，泰国不等于曼谷，泰国也不等于繁华的暹罗市场。泰国还有很多贫穷的地区，还有很多人不辨是非。泰国的文化是多元的。他们需要学会关爱泰国，关爱泰国的人民，关注弱势群体。这样的大学校园文化和信念不是短时间就能够树立起来的，需要教职工以身作则，为学生做出正面的表率。如果认为大学教育只是传授知识，而无须承担学生的德行教育，那是非常错误的，教师一定要塑造学生的人生。”

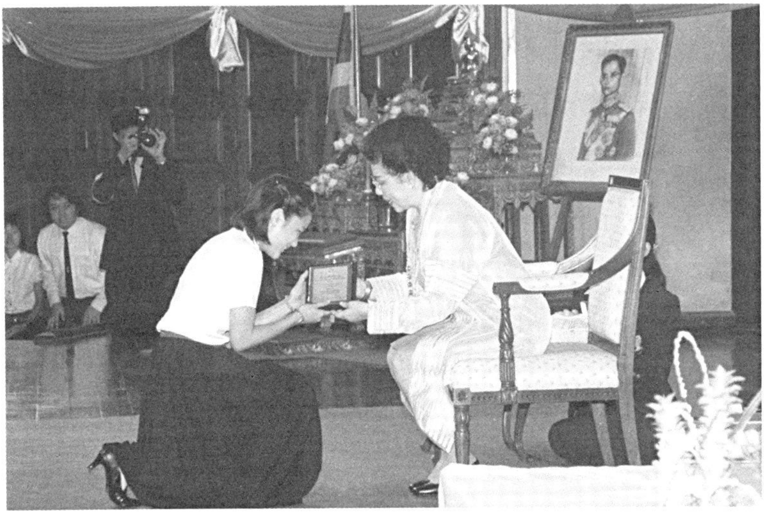

2005年教师节这天苏查达为优秀学生颁奖

2006年教师节这天苏查达为优秀学生颁奖

接见并祝贺获得奥运奖牌的学生(2012年)

慰问获得奥运奖牌的学生(2012年)

为了保持大学的知名度，学校一直把师资建设作为教育之本。朱拉隆功大学有自己的教育学院。教育学院不仅为其他教育机构培养合格的教师和教育行政人员，同时也担负着本校教师的培训工作。而教育学院会请来世界各地的不同学科的专家、科学文化名人以及本校的学术带头人，为在职教师的知识更新、提升业务水平创造良好的外部环境。

为了提高学生多方面的涵养，朱拉隆功大学注重开展多层次的教育，除了按照泰国政府的规定从统一入学考试中择优录取本科生外，朱拉隆功大学还开展了定向招生、委托培养的教学形式。与此同时，学校还设立了成人教育专职机构，扩大了大学对社会的教育服务面。成人教育的教学方式多种多样，有电话课程、电视课程、各类职业短训课程、专题讲座和适合成人自学的课程。这些教学方式早已得到联合国教科文组织的肯定。尤其引人注目的是，朱拉隆功大学还把与国外高等院校的交流合作纳入其多层次办学轨道上来。近年来，由于泰国经济保持持续发展的势头，外资、合资和外向型企业不断增多，外贸也日趋繁荣，对“外”的工程技术、商业贸易和外资企业管理人才缺乏。为此，朱拉隆功大学立即作出反应，不失时机地为这一领域培养人才。早在1981年，学校就率先与美国宾夕法尼亚州两所大学合作，在校内办起了国际商业会计、企业管理硕士培训班，后来又陆续与加利福尼亚大学、麻省理工学院等著名院校办起了其他专业的硕士班。

卸任校长之后的生活

有一个年轻人搭出租车到一个生疏的地方，一路上连遇几个红灯，眼看就快到目的地了，又遇到一个红灯。他嘟哝道：“真倒霉，总是差一步！”这时出租司机却说：“不倒霉。上帝很公平，绿灯时我们是第一个走。人生有时需要停一停，并不是一味地往前冲。”

悲观主义者在每个机会里看到困难，乐观主义者在每个困难里看到机会。苏查达很喜欢跟孩子们讲这个故事，她认为简单的故事往往蕴含着深刻的道理。

苏查达在少年时，她的妈妈常常给她讲各种各样的故事，在这些故事中，苏查达学会了乐观面对生活，养成了对于人生之变化顺其自然的性格。

对于卸任校长之职，苏查达淡然地说：“2007年10月我正式宣布放弃担任第二任校长。两个月后，国会通过了朱拉隆功大学自治法案，并于2008年2月正式立法执行。对我而言，卸任既是一个重要的事件，又不是一个多么值得大惊小怪的事情。其实，任何人的人生一直都在重复着一个动作：清零。一步一步地走，又一步一步地扔，走出来的是路，扔掉的是附注。”

尽管谈起自己卸任校长一职时，苏查达语气比较轻松，但说实话，为了朱拉隆功大学顺利转变为自治大学，为了消除一些人将“自治”误解为给学校高管谋私利，苏查达做出了很多别人看得到和看不到的牺牲。否则，以她的实力和公信力，还可以继续连任校长一职。

在做决定时，苏查达的判断标准是自己能否完全说服自己。对她来说，如果以冲动的心态做选择，一旦遇到严苛考验时，就容易产生挫败感，后悔当初不该选择这条道路。如果不是走在一条由衷认同的道路上，也就无法对自己所要背负的辛苦或失败有所觉悟。

对于做出卸任的选择，苏查达无怨无悔。她认为，生活不要安排得太满，人生不要设计得太挤。不管做什么，都要给自己留点空间，好让自己可以从容转身。留一点好处让别人占，留一点道路让别人走，留一点时间让自己思考。任何时候都要记得给人生留点余地，不冒进、不颓废、不紧张、不松懈，得到时不沾沾自喜，失去时不郁郁寡欢，得失之间淡定从容。

苏查达认为，一旦觉得自己对例行性的公事开始熟悉后，那就到了是该强迫自己有所改变的时候了，就像植物一样，需要被换盆栽种。

“其实如果我同意继续担任校长职务，当时完全有能力当选。有时候我也会遗憾自己作出了卸任的决定，因为学校实现自治之后，有很多机制建设的工作需要跟上。但是因为我的卸任，导致很多基础性机制建设工作无法在短时间内实现。实际上，推动学校实现自治，我承受了很大的压力。尽管为了让国会通过同意自治的法案，我们做了很多努力工作，但依然招来了反对的声音，甚至有人说争取自治只是高层为了谋私利而已，因为自治之后高管们的工资可以大幅增加等等。他们看不到大学自治将为朱拉隆功大学带来长远的利益和发展机会。当时对我来说，继续担任校长抑或放弃，都将面临艰难的挑战，对我自己而言不仅仅是选择何去何从的问题。如果仅仅因为我个人的利益，我不会选择放弃第二任期；但是考虑到学校的长远发展和规划，从大局出发，我必须那样做。”

正如林肯所说，人生是一个不断选择取舍的过程。聪明的人，在于他知道什么是选择。人的一生，最重要的两件事情就是善于选择和敢于放弃。许多人一生碌碌无为，就是因为舍不得放弃。敢于主动放弃，即标志着新的人生的开始。

苏查达说：“人生是一个慢慢地苏醒和剥离的过程。昨天你还不能宽恕的人，今天你已经学会了原谅；昨天你还不能接受的事情，今天你已经懂得了理解。我不觉得人的心智成熟是越来越宽容，什么都可以接受。相反，我觉得那应该是一个逐渐剔除的过程，知道自己最重要的是什么，不重要的东西是什么。而后，做一个纯粹而简单的人。人们总问我：‘苏查达，你怎么总是微笑着？为什么你每天都那么快乐？’其实，微笑并不总是说明你是快乐的，有的时候，它只说明你很坚强。”

卸任校长一职以后，苏查达的生活并没有清闲下来：“我现在的工作重点是完善朱拉隆功大学校务委员会的机制建设。公立大学与自治大学最大的区别在于校务委员会的职责和功能。从前，校务委员会只需要按照政府的指令，按部就班地开展工作。但是现在，作为朱拉隆功大学的法人机构，校务委员会对于大学未来的发展是要负责的，如果不按法律办事是会惹上麻烦的。因此，如果没有相应的工作机制作为保障，随心所欲地超出法律办事，只会带来麻烦。校务委员会需要对学校的每一笔费用都负起责任来，包括政府拨款、学生的学费等等。”

谈到朱拉隆功大学校务委员会主席的工作角色，苏查达说：“在朱拉隆功大学2008年法案的要求下，我们学校在大学治理中发挥了更深刻、更集中的作用。大学校务委员会并不直接负责具体事务的管理，但需要规划大学的愿景、使命和战略计划，分配大学预算，制定所有的法规来确保在各个领域和方面合理、有效的运行。在大学校务委员会这样的角色扮演下，委员会主席是运行委员会和确保其良好性能的负责人。”

苏查达指出，担任校务委员会主席一点也不轻松：“我担任校务委员会主席后，头半年一直在处理自治之后出现的各种麻烦。我想我现在最关心的是如何最有效地来使用学校的经费，这需要制定出一个公平的预算制度。长远来看，如果拿学校的资源去做人情，最终只会损害学校的发展和建设。

“校务委员会在通过年度预算计划之前，必须依据详细的财务规划。我还计划建立专门的预算委员会来监督每一笔费用，保证这些经费不被浪费和滥用。所有的经费都应该用在刀刃上。当我面对学校的财务预算表时，我食指与拇指之间静静地躺着短粗的钢笔，像握着一把雅致的枪。我想让所有人明白，我担任校务委员会主席，不是来找茬的，我是本着为朱拉隆功大学的未来长远、可持续的发展而在努力工作。我牺牲了我的时间和精力，隐忍了很多误解和委屈，一切都是为了朱拉隆功大学的长效发展。我的工作理念是不满足于现状，应该更多考虑二三十年后朱拉隆功大学的发展格局与前景。

“当前，我觉得还有一个工作重心就是继续完善学校的人事制度。我们需要引进顶尖的人才来为朱拉隆功大学服务；如果一个大学养了太多的闲人，那不是一件好事。教授应该自律，应该为学校的长远发展而努力工作。尤其是现在的学生都很自我，缺乏面对面的交流，这更加重了人与人之间的隔离。人们哪怕共坐一桌，也更喜欢用手机交流而不是面对面敞开心扉。父母与孩子的关系，还有人和社会的关系都在改变。所以，教育的目的就是要使年轻人更好地融入社会中，具有社会责任和公共意识。每个人的心都是一片海，闪耀着深不见底的幽蓝。”

苏查达接着说：“很多朋友都问过我，如果能够继续担任第二任校长，是否早就能完成我为学校发展勾画的蓝图了？对此假设，我无法回答，但是从我卸任校长一职到担任校务委员会主席，中间隔了5年。我现在看到的是，大家都安于现状，乐此不疲。这是非常危险的信号，我亦感到十分忧心。

“我现在的工作就是要为校务委员会未来的工作打下基础，完善各种机制，包括我刚才说的预算机制，如何拨款，如何监督，如何评估；还有如何科学地制定各项政策规定，如何有效地来执行等等。当校长的时候，职责重在执行。而现在，我的职责不是执行，而是需要高瞻远瞩地来为朱拉隆功大学制定长远的规划。

“如果重新选择，我还是会选择放弃出任第二任校长职务。我相信自己有实力带领学校实现更大的发展，同时我对其他同事以及继任的校长也有信心。对一所成熟发展的高校来说，谁当校长不是最关键的，是否具有一套合理的制度来约束和保障校长职能的发挥，那才是最关键的。我现在可以说就是为了以后的校长能够更好地发挥职能而做着不懈的努力。因此，校务委员会主席的角色可以看作是校长角色的延伸。

“朱拉隆功大学的各界人士为学校自治前后奋斗了35年。直到自治法案通过的前几天，我们都依然在努力争取着。自治后的今天，我们不应该故步自封，而应该担起未来的职责。”

事实上，除了校务委员会的工作外，苏查达的职业角色还有很多，比如2006年10月至2008年3月，她担任了泰国立法会议成员。目前，苏查达是泰国统计协会会长、华农民银行有限公司独立董事及审计委员会成员、泰国红十字会审核委员会董事。同时，她还

诗琳通公主为苏查达颁发杰出女性奖（2012年）

担任“Phufa商店”工作委员会和偏远地区儿童及青年发展基金会执行委员会主席，该商店销售的职业规划产品由公主诗琳通发起。此外，她还一直活跃在校园中，是朱拉隆功大学统计系的教授。

曾经与苏查达共事的同事们，无论对她的为人还是治校方略，都给予了很高的评价。

朱拉隆功大学演讲与语言中心顾问、研究生英语教育顾问苏达泊（Sudaporn Luksaneeyanawin）教授说：“苏查达是个令人感到温暖，充满关爱和愿意与人分享的人，虽然她很直率，但总是对事不对人，也从来不颐指气使。在我那么多年的工作当中，没有一个人像苏查达那样关心过我，甚至主动要给我加薪，尽管我从来没有考虑过这个问题。她对人很好，却从来没有指望过什么回报，也不会借此机会来刻意提升自己的影响力。”

苏达泊教授深情地回忆起当年与苏查达共事时的情景：“我认识苏查达是她出任朱拉隆功大学研究生院院长的时候。那时候我是研究生项目主管，主要负责研究生英语教学以及博士生事务，并担任我校演讲与语言中心顾问。

“乔布斯说：一名优秀的员工可以顶50名平庸的员工，并不是说一个人可以干50个人的活，而是他可以影响到很多人。越是出色的人越善于在缺乏条件的情况下把事情做到最好，越是平庸的人越是对做事的条件挑三拣四。

“关于苏查达教授，我觉得她一直是一个敢于面对困难而不会去逃避的人。她像一个导师一样，帮助我解决了许多问题，克服了许多困难。我们在一起很开心地工作了3年，之后苏查达当选朱拉隆功大学的校长，她也是朱拉隆功大学的第一个女校长。

“苏查达教授当选校长那年的2月，她邀请我做她的助理，分管科研和国际合作事务。一直以来，我都不愿意从事行政工作，因为我喜爱我的科研工作。可不知道为什么，那天我就答应她了。也许是因为我们长年共事，我太熟悉、了解她的工作风格了；同时，我想是因为朱拉隆功大学是个很传统的学校，长期都是男性担任校长，而苏查达是第一个女校长，我当时就想，我应该帮助她，支持她。

“传统观念对女性的评价多半会贴上‘感性’和‘主观’的标签。但是对苏查达来说，她其实很客观、很理性，不是一个感性的人。她还是一个很好的倾听者，总是以一种支持的、积极的态度来对人，并处理各种棘手的问题。另外对于很多管理者来说，出现问题总是令人不快的，但是苏查达不是那样的人，她不会把问题当作一种负担，而是会积极寻求解决之道。工作中因情况变化而出问题是很常见的，这种情况对管理者而言无疑是非常富有挑战性的，而苏查达总是临危不乱，积极冷静地去解决问题。这也是我和她共事最受益的地方。

“1997年，亚洲经济危机在泰国爆发，也就是后来被称为‘冬阴功危机’的金融风暴。泰国的高等教育首先受到了冲击。原本舍得在教育上花钱是东南亚新兴工业国的共同经验，但泰国1998年教育预算首次下降了1.4%，其中高等教育削减了2%。泰国经济会在近几年逐渐复苏，但高速增长的时代可能一去不复返了，争论了30多年的公立高等教育改革的步伐被迫加速。

“在此之前，泰国政府派送很多大学师生到国外去交流学习，可是因为经济危机的缘故，泰国政府无力再支付高昂的费用，所以政府提出让朱拉隆功大学自筹师生出国访学的经费。当时，我在研究生院是负责跨学科科研项目的，这个项目涉及教育学院、艺术学院和朱拉隆功语言研究所。因此在做预算的时候就出现了问题。当时两个学院的院长和研究所主任都认为自己的工作分量更加重要，但实际情况是，我们的科研项目比单个学院的工作要重要得多。当我把实际情况汇报给苏查达校长以后，她对我的工作非常支持，并且为我提供了相应的启动资金、办公场所、设施和相关工作人员。

“苏查达是个很关注细节的人，这或许和她长期从事金融工作有一定的关系。当然，我也是个很细心的人。苏查达对经费使用非常慎重。她始终认为，学校的经费当中有学生们交的学费，因此使用这些经费一定要格外慎重。她认为学生的学费应该以学校提供优质教育的方式回馈给学生。

“苏查达是个充满智慧的人，客观、公正、理性、就事论事，而不会把自己的个人情绪带到工作中来。她的情商很高，智商就更不用说了。早在本科时代，苏查达就连续三年获得泰国国王颁给顶尖学生的‘铜质奖章’，她还在研究生毕业典礼上获得了‘金质奖章’。要说她的情商为什么高，就像我所说的，她很冷静，能就事论事，而且始终能保持积极乐观的心态。

“我想我从苏查达身上学到了很多东西。比如理智，关键时刻不慌乱等等。她几乎不会发号施令，她会静静地聆听，然后给出相应的建议和意见。而且她总会告诉我，看待问题要客观全面，切不可主观臆断，而且永远不要惧怕困难，要认真分析问题出现的原因。苏查达给我出主意，我就去执行，我在工作当中不断总结和学习。苏查达的记性很好，她能记住所有她看过的数据，还有无数的电话号码。

“因为我一直从事学校的大学生英语教育，因此对于大学英语教育对学生的职业影响有比较深刻的理解和感悟。朱拉隆功大学在泰国历史最久远，也是一所综合性的大学，想要考进朱拉隆功并不是很容易的事情。当年，针对英语教育对学生的影响，我们认为应该对当时的英语教育进行改革。当时的英语教育重视语法、词汇的学习，但是学生基本没有运用、实践和交流的机会。所以我们想到用“社会建设理论”（Social Construction Theory）来进行改革。这个理论的精髓是强调在实践中学习。学生要求更多地与老师进行交流，用英语思维，用英语解决问题，而不仅仅是学习语法、词汇。现代社会是个信息来源广泛且知识爆炸的年代，学生如果不能熟练运用英文，就失去了掌握最新知识、信息和资讯的能力。

“当然，我们在改革初期就遇到了困难，很多教授对他们的教学法持故步自封的态度。但是当时朱拉隆功大学的学生对于旧式的英语教育已经忍无可忍，学生本身也要求进行改革。朱拉隆功大学还针对大学英语改革专门召开了会议。2004年苏查达刚刚当选校长，便在第一次董事会上探讨了改革的必要性。她非常支持我们的改革想法。

“关于她的领导力，我认为她总是能知人善用。更为重要的是她有长远的眼光，总是能制定出有利于学校发展的长期和短期计划。并从过往的工作经历中汲取教训，总结经验，以便在未来的工作中做得更好。领导力不是集权专断，领导的作用是要考虑到每个成员的感受，进而带动一个团队的活力。苏查达的管理模式是自下而上的一种民主方式，而不是自上而下的行政命令式的管理方式。”

苏达泊教授很欣赏苏查达的工作状态，更羡慕她的生活态度。她说：“苏查达教授的生活非常简单，不是那种奢华的人。她的丈夫田柴教授和她都很喜欢园艺，他们做了很多慈善工作。苏查达在生活和工作中，都是女性的典范。在我看来，女性在该坚强的时候扛起责任，该需要被支持的时候要勇于表达。女人是家庭的重心，是孩子的天使和保护神，也是另一半最坚韧的后盾，以及温柔的港湾。

“有些人存在一个观念上的误区，以为挤垮了谁，超越了谁，就是比谁强。其实，一个真正的强者，不是摆平了多少人，而要看他能帮助多少人。能帮助别人，这是德，能帮到别人，这是能。有德、有能的才是强者。苏查达就是这样的强者。”

谈起苏查达校长以及她的爱人田柴教授，朱拉隆功大学前任副校长、现大学校务委员会委员普兰尼（Prannie）教授说：“苏查达的爱人田柴博士在任朱拉隆功大学校长的时候，我担任副校长。田柴校长是一个非常严谨、认真、严厉的人。他刚直不阿，从不会刻意去取悦别人。在苏查达担任朱拉隆功大学校长以后，田柴博士婉拒了为大学校务委员会工作的机会，因为他认为他的意见肯定会影响苏查达校长的决策。

“至于他们俩夫妻在担任校长职务时，有什么共同点和差异，我认为他们都有敢为大部分人不敢为之事的魄力。对于苏查达教授在章楚里广场烂尾楼工程上的勇气，迄今回想起来都十分令人敬佩。

“我记得当年在校务委员会的一次会议上，就有人质疑说：‘你的设想听起来十分美好，可是谁能保证我们不会失败，不会造成经济上的损失呢？如果失败，我们就会陷入经济危机。’但是苏查达针对工程做了非常详尽的市场调研和评估，她用数据和调研结果来说服大家，并保证只要6年所有的投资都能收回。经过两三个小时的讨论，校务委员会终于同意了苏查达的方案。实际上，不到6年，我们就收回了所有投入。她很坚定，她很自信。

“记得苏查达说过，她在章楚里广场烂尾楼工程上的信心和勇气，缘于她的内心始终有一个声音在告诉她要一往无前。这个声音似乎来自朱拉隆功大学的缔造者拉玛五世和六世国王，这是一种无可名状的前行的力量。

“另外，苏查达在朱拉隆功大学2008年实现自治的问题上也付出了艰辛的努力。当时政府是不愿意让朱拉隆功大学自治的，而部分学生和家长也表示不支持。为了说服国会，苏查达还和国会议员进行了辩论。政府不想失去对朱拉隆功大学的管理权，甚至担心国王赐予的土地会被朱拉隆功大学售卖。而学生和家长则担心自治会给大学增加很大的经济负担。苏查达校长表示国王赐予的土地有相关的法律限制，是不能被售卖的。苏查达长期从事金融统计工作，她对财产的管理比田柴博士似乎更严格一些。

“其实关于朱拉隆功大学的自治，田柴博士等之前的校领导都做了长期不懈的努力，前后历经了三十多年的努力，最后在苏查达的带领下成功了。

“泰国的大学分为三类：公立、私立和自治大学。公立大学的财政由政府解决，但是必须严格按照政府的决策来运行。而且年度支出不能超过预算，超过了就会出现麻烦。于是扩招和学校的设施更新都有诸多限制。私立大学则需要自行解决自己的财政问题，如果经营不下去就得关门。而作为自治大学，政府只负责大学教职工的薪水，学校能够自主对固定资产进行整合配置，并按照学校的发展需求来进行财务规划。

“尽管有人对苏查达的管理提出过质疑，甚至因为她的决断而称她为‘独裁者’。但实际上，苏查达的能力无与伦比，她能冷静、客观、周全地分析局势，并在关键时候做出正确的抉择。她的执行力很强，而且能够很快给出答案和解决问题的策略。她很直率、真诚，因此尽管她快人快语，也经常能得到大家的理解。

“至于苏查达的个性，我认为她是个努力、认真、坚定、不畏艰险的领导者。就因为她的果断、坚毅和勇敢，有时候也有人说她太‘固执’，实际上哪怕是现在，作为朱拉隆功大学的校务委员会主席，这已经是拥有最高权力的位置了，依然会有人说她太专断了。但是她始终有规划，始终有目标，而且为了实现目标倾尽全力。她的目标和规划，从来不掺杂私利的东西。所以哪怕当时有人不理解她的初衷，但是时间证明了一切。她无数次用实际行动证明她所做的一切都不是为了她自己。

“在苏查达担任校长的第一任任期结束之后，她婉拒了第二任。我觉得这是因为在第一任时她已经充分证明了自己的能力，她无须再继续证明什么了。这就好比树，在秋天掉落了叶子，心很疼，可是整个冬天，它让心在平静中积蓄力量。春天一到，芳华依然。只要生命还握在手心，人生就没有绝望。心若累了，让它休息，灵魂的修复是人生永不干枯的希望。

“在苏查达担任校长期间，她的目标就是把朱拉隆功大学建设成世界知名的大学。她非常关注学校的科研发展，即便是现在，苏查达教授依旧十分关心学校的科研建设和发展，以及学校教职工的团结奋进。她总能有效地跟学校的中层领导和教职工进行沟通交流。

“苏查达对朱拉隆功大学的英语及泰语教育都十分关注。她认为学好英语是了解世界的有效途径。

“目前，我主要负责全校教师的职称评定工作。在苏查达的领导下，我们制定了相对规范和公平的评定规则，每次遇到问题，我都会向校务委员会汇报。苏查达会仔细倾听，并给出她的建议。迄今为止，我们的评定得到了学校教师的认可，也没有出现任何投诉或者抗议。这也是苏查达对事不对人，为人公正的结果。”

朱拉隆功大学亚洲研究中心主任普拉平（Prapin）女士对苏查达夫妇均担任过朱拉隆功大学校长有着自己的看法，她说：“苏查达担任研究生院院长的时候，我是艺术学院的院长。那时候，我们会在院长校董事会的周例会上每周见一次，我们就是在那时候认识的。那时候他的爱人田柴博士是学校的校长。苏查达无论作为教师还是管理者，都是非常优秀的，她非常有能力。我们很骄傲她也是朱拉隆功大学的第一位女校长。在院长的周例会上，我记得苏查达总能直言快语地说出自己的想法，并向校董事会提出自己的意见和建议。

苏查达的丈夫田柴博士于1996–2000年任朱拉隆功大学校长

“田柴校长和苏查达校长在治校方面最大的不同在于，苏查达因为是女性，所以对人会比较温和一些，田柴校长倒是非常直率和严厉。苏查达校长也很直率，而且是一种女性的率性。如果有人说她比较固执，那是因为她有决断力。我想如果不是她的决断，章楚里广场的烂尾楼估计到现在还会破破烂烂地扔在那儿。苏查达还非常善于运用人脉资源来为学校服务，尤其能够运用校友资源来解决学校的发展问题。交流的最佳效果来自谈吐得体且态度真诚，其关键点在于你不需要直愣愣地冒出大实话，而是适当修饰后进行诚实的表达。在不伤及别人的前提下又能实话实说，这对一些人来说轻松自如，而对另一些人来说则是一门需要学习的技巧。苏查达是这样的一个人，说话虽然直率，却不会伤人。

“我经常会就研究中心的问题求助于苏查达。她总是耐心地聆听，并给出有效的解决办法，而且对我们亚洲研究中心的工作给予了大量的帮助，我们在中国开了很多的论坛，苏查达总会和我们一同参加论坛活动，给予我们支持。

“她的家庭非常幸福。她的大儿子是朱拉隆功大学工程系的毕业生。2013年9月刚刚结婚，现在是泰国国际航空公司的一名机长，新娘是一个漂亮的空姐。小儿子取得了朱拉隆功大学建筑学学士学位，以及日本早稻田大学建筑学硕士学位，现为Arnatta建筑设计工作室合伙人。

“苏查达很热心，有女性的温柔，同时又很坚强和有决断力。我认为这是一种非常好的性格搭配。”

苏查达与田柴伉俪情深

谈起自己和丈夫都曾经是朱拉隆功大学的校长，苏查达说：“我觉得，做人就是要常常记得当初相守的原因，也常常要感恩，提醒自己感受相处快乐的能力。即使工作再忙，世事多沧桑，有家人相伴就是最美好的日子。一辈子的爱人，不是一场轰轰烈烈的爱情，也不是什么承诺和誓言。不要因爱人的沉默和不解风情而郁闷，因为时间会告诉你：越是平凡的陪伴，就越长久。在一起比什么都重要，快乐就好。通常在工作日，我不把工作带回家，我不想生活被工作影响。不过我们偶尔会在周末交流工作。我的丈夫是个很严谨的人，他经常会告诫我有些做法可能有些不当。有时候我也会给他一些建议和意见。他在大学学习经济和政治学，因此思考问题比较周全；而我的专业背景比较偏向技术。因此总体来说，我们的思维方式是比较互补的。”

苏查达对丈夫田柴敬爱中有着钦佩：“我的丈夫1976年在朱拉隆功大学取得了政治学荣誉学士学位，1971年在夏威夷大学获得了经济与人口统计学文学硕士学位，1977年在杜克大学取得了经济学文科硕士学位，1978年在杜克大学取得了经济学博士学位。我们当年从美国回到朱拉隆功大学以后，他在经济系任教，并于1990-1996年担任系主任，1996-2000年担任朱拉隆功大学的校长。目前，他担任着国家反腐败委员会办公室审计与评估小组委员会主席，兼任道德促进中心理事会（公共组织）主席。

苏查达的丈夫田柴接受诗琳通公主授予的经济学荣誉博士学位

在田柴获得荣誉博士学位的祝贺仪式上

“这么多年，我和田柴相处下来，总是感到很自在。我们有着相似的经历，有着相同的价值观，因此比一般的夫妻可能更多些亲密无间。但是就如伍尔夫所质问的，有什么方法，可以使一个人和他所心爱的对象，如同水倾入壶一样，不可分离地结成一体呢？躯体能达到这样的结合吗？精巧微妙地纠结在大脑错综复杂的通道中的思想，能够这样结合一致吗？或者，人的心灵能够如此结合吗？即使我们再彼此欣赏，也毕竟还是有意见不统一的时候，我们处理分歧的方式从来就不是吵架这种负面的情绪性的方式，而是站在对方的立场上重新评估整个问题。我的性格中有很大的理性成分，而他在这方面比我还要更理性。很多人为点小事都能和别人吵起来，吵到后来就忘了争吵的原因是什么，到最后伤人伤已。后来发觉少说一句话又不会死，一个人越恶毒遭受的回馈也就越恶毒，给别人台阶下就是给自己台阶下。与其嘴上争论别人是错误的，不如用行动证明自己是正确的，争吵是这世界上最浪费时间的事。”

苏查达说：“最好的爱是两个人彼此做个伴。不要束缚，不要缠绕，不要占有，不要渴望从对方的身上挖掘到意义。而应该是，我们两个人，并排站在一起，看看这个落寞的人间。一个既亲密而又相互独立的关系，胜于一千个一般的关系。这样的关系，会把我们从不可救药的孤独感中拯救出来，是我们生命中最重要的一种救赎。如果不曾体验过，你就无法知道这种关系的美。我跟田柴说过这样的话：时光总有一天会将你我拆散，可是即便如此，在那个时刻之前，就让我们这样彼此依偎、相互依靠在一起吧。”

苏查达的丈夫田柴教授

卸下职业身份的田柴还是个慈父

苏查达一家四口一直过着和谐、快乐的生活，她说：“亲人只有一生一次的缘分，无论这辈子相处得多久，也要好好珍惜共聚的时光，下辈子无论爱与不爱，都不会再见。”

谈起自己对孩子们的教育理念，苏查达说：“平时的生活中，我并不会告诫孩子们要去做什么。我会告诉他们，人生的痛苦，源于活得太清楚。眼是审美的，结果纠缠在丑中，最后都审了丑；心是收藏快乐的，结果困于计较中，最后都盛了痛。不是生活有多少，自己就要清楚多少。幸福的能力，其实就是取舍的能力和过滤的能力。所

参加大儿子的订婚礼

参加大儿子的婚礼

以，我让他们在观察我们的言行、价值观、美德和责任的过程中自己领悟该走什么样的道路。我让他们自由思考，但会在必要的时候给予一些指导。我通过具体事例向他们展示日常生活中蕴含的诚实、真诚、勤奋、负责，去爱自己和他人，不给别人压力，友善、守纪、免于不当行为等等。他们也正在形成属于自己的个性和世界观。

“真正优秀的父母，不会把太多心思花在教育孩子上。所谓影响、熏陶、教育都只是衍生品。父母最该思考的是自己该如何生活，最重要的是明白自己。能对自己负起责任，做好自我管理，孩子便会因为对父母的尊重和信赖，而追随模仿。做最好的自己，就是

全家合影（一）

给孩子最好的教育。而孩子受益只是结果，不是目的。”

杨绛曾发出过这样的感慨：个人经过不同程度的锻炼，就会获得不同程度的修养、不同程度的效益。好比香料，捣得愈碎，磨得愈细，香得愈浓烈。我们曾如此渴望命运的波澜，到最后才发现，人生最曼妙的风景，竟是内心的淡定与从容。我们曾如此期盼外界的认可，到最后才知道，世界是自己的，与他人毫无关系。

“我的孩子出生与成长的年代，与我自己成长的年代已经发生了很大的变化，因此我无法复制我的父母对我的教育模式。我和丈夫除了教授各自的课程，还分别担任着相关的行政职务，日常工作

全家合影（二）

是比较紧张的，在精力上不能完全照顾到孩子们成长中的每一个细节。但是在教育孩子方面，我有一个原则，那就是抓大放小，大事上一定要让他们走正确的道路，在性格养成上一定不能走偏路。有时我们会共同经历一些事情，我和丈夫就会利用这样的机会与孩子们分享一些心得和体会。在这种潜移默化中，孩子们既不会感到有什么负担，又能很好地领悟我和丈夫所说的道理。虽然我和丈夫工作很忙，但我们不会借口工作忙而忽略了对孩子们的教育，因为当我们年老的时候，一切荣华富贵都是过眼烟云，而一个不成器的孩子，足以让我们晚景惨淡。”

苏查达说：“有些家长在教育孩子方面有些误区，他们往往关注孩子的每一个细节，一件小事都不能让孩子出错，结果搞得孩子要么非常叛逆，要么太乖了，丧失了自我。那些不能让孩子吃一点亏的家长，其实并不是对孩子好。要知道，一个人要赢得另一个人很容易，那就是要学着吃亏。这个世界上没有人喜欢爱占便宜的人，但所有人都喜欢爱吃亏的人。你想着吃亏的时候，就会赢得别人；那个懂得以吃更大的亏来回报你的人，便是你赢得的朋友。很多家长在教育孩子方面会陷入一个误区，那就是以为严厉以及让孩子完全听自己的话便是对孩子好。且不说这个观念是多么的错误，就说对待孩子的态度上，就非常不妥。有时候人们不能自知，我们最大的错误就是把最差的脾气和最糟糕的一面都给了最亲近的人。孩子虽然在经历和各个方面还不如我们，但他们需要得到平淡的对待，不能只是管教，应采用多对话、多交心的方式与他们交流。父母永远把子女当‘孩子’，虽出于好意却经常想要改变子女的生活，于是经常出现家庭冲突。在家庭关系中，不妨把自己当‘外人’，彼此克制、尊重才不会产生矛盾。

“我从小就是一个非常有主见的人，后来出国留学全是自己一个人为自己规划生活，因此很清楚一个人独立是多么重要。当我的孩子们在成长的过程中，表现出超出我和丈夫的规定时，只要不是大错误，我们都不会责备和批评他们。要让孩子有出错的机会，这样他们在今后的人生中才会更谨慎，更有见识。我切身的体会是，有些事情，无论你如何努力，你想要的结果都不可能出现，不是因为你运气不好，也不是因为你没尽力，而是因为在那些事情上，你的因素不是决定性的。

“我曾经以为，只要我比别人更努力，总有一天我会比别人更优秀。可是经历了很多事情后我发现，优秀是个见仁见智的标准，只关乎你对自己的定位和预期。于是我开始向自己内心寻找答案，不再在意别人的评价。罗伊·马丁纳曾说过，‘我生命里最大的突破之一，就是我不再为别人对我的看法而担忧。此后，我真的能自由地去做我认为对自己最好的事。’只有在我们不需要外来的赞许时，才会变得自由。

“我时常将这些心得与我的孩子们分享。我认为把我所经历的一些挫折，我所收获的一些人生感悟，讲给孩子听，他们虽然没有那么多的人生经历，却是能够领会的。比如我教孩子们游泳的时候，就会讲一些和此相关的故事。我记得我给他们讲过这样一个

两个儿子以父母为荣

故事：从前，一个不会游泳的人，不慎跌进了池塘。他用四肢死命地划动、大声呼救，但越是挣扎，身体下沉得越快。到了最后，他想死就死吧，索性把心一横，全身放松，结果竟浮了起来。我们在生活中也是如此，遇到事情越是紧张，越容易坏事；越不执着，反而容易成功。

“在我小时候，我的母亲就很喜欢给我们讲故事，从故事中我们领悟到很多，如今，我很喜欢与孩子们倾谈，这是我和孩子们最愉快的相处之道。现在，孩子们都长大了，也在各自的领域取得了一定的成就，我对他们的希望就是绝不要骄傲。因为一骄傲，我们就会在应该同意的场合固执起来；因为一骄傲，我们就会拒绝别人的忠告和朋友的帮助；因为一骄傲，我们就会丧失客观标准。大部分人在二三十岁上就死去了，因为过了这个年龄，他们只是自己的影子，此后的余生则是在模仿自己中度过，日复一日，更机械，更装腔作势地重复他们在有生之年的所作所为、所思所想、所爱所恨。我希望我的孩子们能在三十多岁的年纪，依然保持一颗不断奋进的心。

“我用自己曾经孤身一人勇闯哈佛的经历告诉孩子们，对待生命你不妨大胆冒险一点，因为好歹你要失去它。如果这世界上真有奇迹，那只是努力的另一个名字。生命中最难的阶段不是没有人懂你，而是你不懂你自己。敢闯，才会看到生命中非常不同的风景。当然，现在孩子们的生活和各方面的条件都比我们那个时候优越，敢闯的劲头对他们来说就更加弥足珍贵。当孩子们感觉人生没那么如意，当他们对自己的表现没那么满意，当他们对自己爱的人或自己感到失望，当他们觉得自己再也坚持不下去的时候，我总会对他们说：没关系，我们都是这样长大的。”

苏查达说：“在我看来，孩子在成长阶段应该掌握四种基本的能力，包括面对挫折的能力、爱的能力、拓展视野的能力、表达自己情感和思想的能力。

“我和丈夫经常听别的家长说‘都为孩子活了’。我们认为合格的懂教育的家长，一定不是把所有的人生目标都放在孩子身上。有智慧的家长一定是活出自己的精彩，以此影响孩子也走向精彩的人生之路。家长经历的人生，是孩子最好的成长教科书。我和丈夫虽然工作繁忙，但是总会保证至少有一个人陪伴孩子们，保证他们与家长在一起成长的时间。这一点是我们教育孩子的关键原则。

“孩子的很多习惯是在少年时代养成的，这一点我深有体会。从小，我的父母就教导我要守时，因此我无论开会还是赴约，从来不迟到。我的父母还告诉我做人要谈吐有节，态度和蔼，因此我从来不随便打断别人的谈话，总是先听完对方的发言，然后再反驳或者补充我的看法或者意见。而且我总是望着对方的眼睛保持注意力集中，尽管我的工作很忙碌，我也不会一边听别人发言一边做另外的事情，不给人一种不尊重发言者的感觉。另外，在与人交谈时，我很注意谈话技巧，而且保持态度中肯。对于我不能接受的意见，也不会厉言以对，而是摆事实讲道理。在对待他人方面，无论是朋友还是敌人，我都保持着大度和同情心，不会因为一点小事与人结怨，更不会断绝来往。对于别人遇到的难题或者不幸，我总是尽力去帮忙。这些品质不是与生俱来的，而是在我少女时代我的家庭、家人给我的影响所致。”

自1978年从事行政工作以来，苏查达在不同的阶段承受着不同的压力，但是她始终保持着可贵的自信：“时至今日，我的底气在于，我的任何决策都不是为了自己的利益。我所做的一切都是按照原则行事。每一个决策都是经过深思熟虑之后做出的，然后义无反顾地去执行。庆幸的是，在我的职业生涯中，我所做的一切决定都没有让我后悔过。因为我所做的一切都是为了朱拉隆功大学，为了公众，为了这个国家的发展。很多人会有反对意见，但是他们没有反对的理由。

“有时候，我觉得我要感谢上帝，是他指引我做出了一个个正确的决策。所以每晚我都能安然入睡，没有任何心理负担。我甚至不会把工作当中遇到的不快带回家里。我不为私利、我不贪婪、我牺牲自我、我努力工作，一切都是为了对得起我的工作和无数期待的眼神。有时候，遇到一些无谓的批评和阻碍，我也有想不通的时候，但每到那个时候，我的丈夫都会安慰我说，天空越暗的时候，你越能看到星辰。只要我们肯择善固执，莫忘初衷。狮子不会因为听到狗吠而回头。他的话总是能给我很大的鼓励。

“有时候当别人评价我太强势的时候，我会反击，因为如果你没有充足的理由，就不应该对别人随意评价。我明白，只要做事，就难免得罪人，但是只要目的是长远和伟大的，时间会证明一切。我也不会刻意去取悦任何人。如果总是想取悦他人，这就意味着你的原则随时在变，或者说你没有原则，最后把自己弄得狼狈不堪。总有人喜欢那样的领导，我不会迎合那些人的喜好。

“过去四年来，我很喜欢我的工作，我也做了很多的慈善事业。诗琳通公主不久前还让我负责泰国红十字会的人事工作。”

尽管苏查达和丈夫田柴在事业上取得了一番成就，但他们并不会为了工作而牺牲生活中其他重要的内容：“可口可乐公司的CEO布莱恩·戴森（Brian Dyson）说得很对，我们每个人其实都像一个小丑，同时在玩着五个球，也就是你的工作、健康、家庭、朋友还有灵魂。这五个球只有一个是用橡胶做的，掉下去会弹起来，那就是工作。另外四个，都是用玻璃做的，掉下去会碎。所以工作要努力，但是家庭、健康、朋友还有灵魂大家更要珍惜。”

这些年，苏查达在缓解压力方面也有自己的绝招：“为了保持自己的平静和安宁，我每天都会躺在椅子上冥想10分钟。我是个很能静下心来的人，所以冥想的同时会有很多好主意涌上心头。如果在上课前做冥想，进教室以后就会格外有活力。有时，我也会找个安静、没人打扰的地方，舒服地坐30分钟，自问几个问题，比如我是谁？我想要什么？我能为别人做些什么？我感恩什么？我如何提高自己？

“另外，有时我会刻意放慢说话的速度，特别是在公务繁多的情况下，这样能让我的状态不再焦虑，也能保持乐观的态度。有时，我会和同事说说笑笑，调节一下气氛。我总是对自己说，不要太严肃。笑不仅能减轻紧张，还能提高免疫力。遇到棘手的事，听到一些反对的声音，我就会让自己逃离这样的声音，不让这样的声音围绕着我。每天我遇到的事情既有好事，也有难事，我会将好事说出来与朋友、同事或者家人分享。那些不幸、烦恼或者不顺心的事则会跟丈夫或者头脑冷静、善解人意的前辈倾诉。当然，享受美食也是一种很好的减压方式。泰国的美食很多，又不会让人长胖。人生中有些事是你自己无能为力的，比如流逝的时间，倒向你的墙，无法选择的出身，离你而去的人，无可奈何的遗忘，莫名其妙的孤独，别人的嘲笑，不可避免的死亡等等，遇到这样的事情，最好的处理方式就是顺其自然。

“我的感触是，我们控制不好情绪，一是我们修行不够，二是我们太在意别人对自己的评价。当我们的情绪受到影响时，适当地远离那些无事生非的小人，让自己平息下来。冥想一些快乐的人与事，或者一次远行，心胸开阔起来，再回头看之前的是是非非，一切也就释然了。

“情绪控制对一个有修养的人来说很重要，对于一个领导者更是至为关键。发脾气是本能，控制脾气是本领。当你能控制自己的情绪时，你就是优雅的，当你能控制自己的心态时，你就是成功的。问题总会带来情绪，但情绪不能解决问题。两个人在沟通时，70%是情绪，30%是内容。如果情绪不对，那么内容就难免会被扭曲，所以沟通内容之前，情绪方面一定要调整好，不然误会只能越来越深。我是个注意情绪的人，因此我喜欢将微笑写在脸上，不良的情绪挂在脸上的话，将会是一副多么令人厌恶的表情啊！”

苏查达说："眼望岁月与流水汇成的长河，回想时间是另一条河，要知道我们就像河流一去不返，一张张脸孔水一样掠过。当我们渐渐长大，总感觉身边的朋友越来越少了。不是原先的朋友离开了你，而是你越来越明白谁才是真正的朋友了。其实，活到这个年纪的时候我才明白，衡量自己成功的标准就是有多少人在真正关心你、爱你。我的身边永远围绕着一群这样的挚友，我为此而感恩。

"松原泰道是日本的佛学大师，2008年时他已是101岁的老人。他说：'我的人生是从五十岁开始的。以我的经验来说，五六十岁是人生的折返点，由此人生可分为两段：50岁以前，是打基础阶段，基本上是为别人活着；50岁以后，这才到了实现自我、创造自我最有价值的阶段。'我和很多同龄人都有这样的感触，那就是越老越精彩。美国一项研究也显示，人的大脑随着年龄的增长，也会变得越来越聪明，在40-65岁达到最佳状态，60岁以后决策能力比二三十岁时更强。"

原来岁月并不是真的逝去，它只是从我们的眼前消失，却转过来躲在我们的心里，然后再慢慢地来改变我们的容貌。如今的苏查达，美丽、优雅，保持着工作的敏锐度和决断力，她说："对有些人来说，一直想要的生活是只闻花香，不谈悲伤，喝茶读书，不争朝夕；阳光暖一点，再暖一点，日子慢一点，再慢一点。对我来说，最好不要在夕阳西下的时候幻想什么，而要在旭日东升的时候投入工作。"

一个人的内心，要像一捧清澈的水。风来，只是一道道涟漪，终究会归于平静；雨落，只是一些些涌动，终究会落幕成寂；云过，只是一道道风景，终究会成为记忆。苏查达的生活状态，始终保持着不乱于心，不困于情，不畏将来，不念过去。

如此安好。

平凡的伟大

——访泰国朱拉隆功大学校务委员会主席、首位女校长苏查达教授手记

2013年9月29日，带着世界大学女校长论坛主席刘继南教授的重托，以及苏查达教授传记的作者、我的同事张敬婕博士交给的采访任务，经过四个多小时的飞行，我终于抵达了心仪已久的曼谷。这是我第一次到泰国，也是专程为采访朱拉隆功大学校务委员会主席、首位女校长苏查达教授而来，内心既有感受异域风情的好奇，也平添了几分忐忑。

秋天的曼谷，高温退去，晚风怡人。一出机场大门就能感受到这个自由之国的宁静与安详。因9月30日苏查达教授需要给在泰航当飞行员的儿子操持婚礼，她希望我先对担任朱拉隆功大学演讲与语言中心顾问兼研究生英语教育顾问的苏达泊老师进行访谈。我住的酒店离朱拉隆功大学不远，附近就是繁华的MBK商场和暹

罗购物中心。苏查达教授怕我人生地不熟，坚持让秘书拉达女士来接我。10月1日一早，我在酒店大堂见到了腼腆的拉达，互行合十礼，简单的问候之后，我们便出发了。

走进朱拉隆功大学，绿树浓荫，花团锦簇。站在这所以泰国五世国王朱拉隆功的名字命名的大学校园里，只感觉现代文明与暹罗文化传统得以完美融合。在朱拉隆功大学演讲与语言中心，我见到了苏达泊老师。她和苏查达教授共事多年，目睹了教授一路走来的历程。“她是个令人温暖，充满关爱并愿意与人分享的人；她很直率，但总是对事不对人，也从来不会颐指气使。”苏达泊女士的语气充满赞许和感恩。苏达泊老师说，关于苏查达教授的领导力和决断力，朱拉隆功大学校园里传颂最多的，恐怕就是“章楚里广场”的烂尾楼工程以及朱拉隆功大学“自治”的故事了。为了解决20世纪90年代末因东南亚经济危机遗留在校园内的烂尾楼问题，苏查达教授带领团队做了详尽的可行性商业调查，并力排众议，由学校斥巨资，使荒废多年的烂尾楼恢复了生机；苏查达教授又顶住各方压力，在2008年最终使朱拉隆功大学圆了30多年的自治梦，由此极大地改善了学校的财政状况。这两件大事也开启了朱拉隆功大学在21世纪发展的新局面。

10月2日，苏查达教授和我约好在校务委员会进行访谈。到曼谷之前，我并没有机会看一眼苏查达教授的照片，那样至少能有个粗略的感受。不过“严谨”、“敬业”、“平和”、“周到”是邮件往来间苏查达教授给我的最初的印象。在朱拉隆功大学校务委员的会议室里，当我第一眼见到苏查达教授时，那种扑面而来的强大气场竟让人有些不知所措。用雍容华贵来形容苏查达教授是最合适不过的了。她穿一件浅绿色的丝绸外套，配上淡淡的粉妆和典雅的首饰，一切都那么自然、大方和华美。几句寒暄之后，起初的紧张感很快便烟消云散了。

苏查达教授说话时带有泰国人特有的柔美，语气干净利落，又不拖泥带水。思路清晰、逻辑严密，这或许和她多年从事统计学教育研究工作有一定的关系。教授非常坦诚，侃侃而谈却没有丝毫的架子。10月2日和4日两天，我们聊了很多，我的思绪随着教授讲述的故事穿越在她的时空里。她的童年、爱情、家庭、事业似一幅幅画卷徐徐展开；还有她的智慧、真情、悲悯、敢作敢当的气魄，一生的心血映照着朱拉隆功大学前进的步伐。教授的童年是充满关爱的童年。从中国福建移民到泰国的父亲秉承了中国人勤劳、勇敢、善良的传统，也给予了苏查达和兄弟姐妹自由成长的空间。苏查达的婚姻是甜蜜的，她和曾任朱拉隆功大学校长的田柴先生40余年相濡以沫，既是爱人也是战友，从泰国到美国，从美国再到泰国，互相帮扶一路走来。苏查达的事业是成功的，自1978年以来，她先后担任了朱拉隆功大学统计系系主任、金融与会计学院院长、研究生院院长、校长和校务委员会主席等职务。几十年如一日的呕心沥血，只为把朱拉隆功建设成为世界知名的大学。教授的自我评价却只是一句“我不过是在适当的时候，能做出正确的选择罢了”。苏查达也是爱的使者，她一生悲天悯人，关爱弱小，一直致力于各种慈善事业。关于教育，苏查达教授说："科研实力是评判大学教育质量优劣的重要标准。学生都是交了学费来上学的，回馈他们的最好方式就是给他们最优质的教育，培养他们的爱心和社会责任感。"苏查达教授始终坚持高校的经费应该科学合理地予以使用和分配，教学科研理应给予优先重视。采访结束之后，苏查达教授又匆匆赶往下一个校友活动。因为顺道，教授让我上车，以便捎我一程。在车上，教授对我说，她不愿意看到大学自治后，学校相对宽裕的经费不为教学科研所用，而被白白浪费掉。她说，当务之急就是要把一切以规章制度的形式规范下来，传承下去。说完她莞尔一笑："你现在知道有多少人会不喜欢我了吧？"语气间却能感觉教授义无反顾的决心和信念。

10月2日采访完苏查达教授，我接着采访了朱拉隆功大学前任副校长、现大学校务委员会委员普兰尼教授，一个非常厚道、踏实肯干又真实的老太太。普兰尼教授说："苏查达教授是个努力、认真、坚定、不畏艰险的领导者；是个果断、坚毅和勇敢的先行者。她所做的一切都是为了学校的长远发展，而并不为私心所驱动。"朱拉隆功大学亚洲研究中心主任普拉平博士说："苏查达热心、善良、有女性的温柔，又很坚强和执着。"每一个受访的老师，都用他们的角度给我讲述着朱拉隆功大学和苏查达教授的故事，其实这也是受访者本人的故事，是每一个终会老去的生命所承载的力量和坚韧。

采访任务结束，我告别苏查达教授，踏上了归程。离开曼谷那天，我碰到了一个年近花甲、朴实乐观的泰国出租车司机。他从小没见过出走的父亲，母亲改嫁后，便由爷爷奶奶带大。长大后一直做泥瓦匠，年老体衰后，自学英文，改行开起了出租车。他一生居无定所，但有一个幸福的家庭。他没有怨恨也没有沉沦，脸上始终都挂着知足的微笑。生活，就是由众多普通人构成的生命历程。其中有苏查达教授，有苏达泊老师、普兰尼老师、普拉平老师，还有出租车司机，有你也有我。曼谷的灵性和安详，还有我接触过的那一个个鲜活的生命体都将永远旖旎在记忆深处。

王文渊

2014年2月于北京

后 记

正式接到撰写苏查达校长传记的任务时，我已经怀孕了，只是当时还不知道。也因为怀孕的原因，导致赴泰国朱拉隆功大学采访苏查达校长的计划只能搁浅，由我的同事王文渊代我赴约。文渊是我校国际合作与交流处的信息主管，曾赴美国、冰岛、瑞典、澳大利亚、新西兰等九个国家采访了十五位杰出大学女校长，他是我非常理想和心仪的传记合作伙伴，这次他与苏查达的接触也取得了很好的效果，带回了丰富的资料，为我最终成稿提供了保障。此书交稿给“世界女子高等教育及大学女校长研究”项目组时，我的小儿已经四个月。在孕育他的同时写作这部书稿，给我留下了非常难忘的身心体验。

苏查达为人直率，却懂得如何控制情绪；她敢想敢干，同时又具有协调矛盾的高超技巧与智慧。在履职四年的校长任期之前，她长期从事着统计学教职与中层领导的双重工作，是一位非常优秀的统计学家、教育家。通过与苏查达校长的长期通信，我们建立了不曾谋面却无比亲近的感情。正如她的同事对她的评价，苏查达是一位兼具感性与理性的女性领导者，她做事高效，善解人意，并能迅速找到解决问题的方法。

我写苏查达校长的传记的思路，主要是描画她如何从一名普通的少女，一步步成长为一位卓有建树的女校长的。希望这部书稿能较为全面地还原她的风采，也希望通过这部书稿能够如实记录下这位杰出的高等教育女性领导者的视野与作为。

此书得以完成，感谢中国传媒大学名誉校长、“世界女子高等教育及大学女校长研究”项目组总负责人刘继南教授对我的信任，感谢我所供职的中国传媒大学媒介与女性研究中心刘利群主任对我的关爱，感谢我的同事们对我的帮助，感谢文渊临危受命，成为我最欣赏的合作伙伴，感谢我校国际交流与合作处的周丽娜博士，以及我校传播学专业媒介与女性方向的硕士研究生张泉婧给我的诸多帮助。

在书稿写作过程中，由于泰国时局动荡，再加上小儿年幼，我未能赴泰国朱拉隆功大学面见苏查达校长，甚为遗憾。希望以后有机会当面向她呈上此书，得到她本人以及广大读者的批评和指正。

张敬婕

2014年初春于至善家园

图书在版编目(CIP)数据

坤仁·苏查达·吉拉南——泰国朱拉隆功大学校长/张敬婕,王文渊著.
—北京:中国传媒大学出版社,2014.9
ISBN 978—7—5657—1082—7

Ⅰ.①坤… Ⅱ.①张… ②王… Ⅲ.①坤仁·苏查达·吉拉南—传记
Ⅳ.①K833.365.46

中国版本图书馆 CIP 数据核字(2014)第 152879 号

坤仁·苏查达·吉拉南——泰国朱拉隆功大学校长

著　　者　张敬婕　王文渊
责任编辑　李水仙　张　旭
责任印制　阳金洲
封扉设计　创意源文化艺术
出 版 人　蔡　翔

出版发行　中国传媒大学出版社
社　　址　北京市朝阳区定福庄东街 1 号　邮编:100024
电　　话　86—10—65450528　65450532　传真:65779405
网　　址　http://www.cucp.com.cn
经　　销　全国新华书店

印　　刷　三河市东方印刷有限公司
开　　本　670mm×970mm　1/16
印　　张　12.75
字　　数　130 千字
版　　次　2014 年 9 月第 1 版　2014 年 9 月第 1 次印刷

书　　号　ISBN 978—7—5657—1082—7/K·1082　定　　价　45.00 元